미래의 부자인 ＿＿＿＿＿＿＿＿＿＿＿ 님을 위해

이 책을 드립니다.

4,000만 원으로
시작하는
부동산
경매 투자

4,000만 원으로
시작하는
부동산
경매 투자

초판 1쇄 인쇄 | 2023년 11월 23일
초판 1쇄 발행 | 2023년 11월 30일

지은이 | 김중근
펴낸이 | 박영욱
펴낸곳 | 북오션

주　소 | 서울시 마포구 월드컵로 14길 62 북오션빌딩
이메일 | bookocean@naver.com
네이버포스트 | post.naver.com/bookocean
페이스북 | facebook.com/bookocean.book
인스타그램 | instagram.com/bookocean777
유튜브 | 쏠쏠TV·쏠쏠라이프TV
전　화 | 편집문의: 02-325-9172　영업문의: 02-322-6709
팩　스 | 02-3143-3964

출판신고번호 | 제 2007-000197호

ISBN 978-89-6799-800-4 (03320)

평범한 직장인이 전업 투자자가 되어 알려주는

4,000만 원으로 시작하는 부동산 경매 투자

김중근 지음

북오션

부동산경매에 관심 있는 분들에게

1. 경제적 자유를 위해 부동산을 접했습니다

어린 시절 가난의 기준을 모른 채 학창 시절을 보냈습니다. 누구나 이렇게 사는구나, 하고 살아왔죠. 고등학교, 대학교 이후 친구들과 비교하며 경제적으로 부족하다는 걸 몸소 느낀 적이 있습니다.

부모님께서 아낌없이 자식들에게 투자해주었지만 성장하면서 남들과 비교하게 되자 경제적으로 부족함을 느끼고 재테크에 눈을 뜨게 된 것입니다. 또한 월급만으로는 경제적 자유를 얻을 수 없음을 깨닫고 재테크 공부에 매진한 이유이기도 합니다.

다행히 친척분께서 부동산에 대해 간접적으로 알게 해주셔서 꾸준한 관심으로 여기까지 오게 되었습니다.

2. 계획과 목표를 보고 달리다 보니 어느 정도는 이루어졌습니다

부동산경매 전문가는 아니지만 꾸준함으로 주거 마련이라는 목표를 달성했습니다. 계획을 세우고 하나씩 실천하다 보니 성취감을 느끼게 되었고, 포기하지 않으면 된다는 걸 알았습니다.

계획을 세우고, 하나씩 실천하다 보니 성취감을 느끼게 되었고, 포기하지 않으면 된다는 걸 알았습니다. 저는 매년 계획을 세우고 세부적으로 나누어 목표를 설정합니다. "시간은 돈이다"라는 생각으로 시간 활용과 부족한 점을 배우고 습득하는 데 시간을 할애했습니다.

저는 직장을 퇴사하고 공인중개사가 되어 자영업을 하는 한 사람으로서 더 나은 방향으로 나아가기 위해 고민하고 실천하는 편입니다. 이 습관이 저에게는 다음 계획과 목표를 추진할 수 있는 원동력이 되었습니다.

인맥도 없고, 자본도 없었던 저는 노력과 행동력이 전부였습니다. 포기하지 않는 꾸준함이 오늘의 저를 만든 것 같습니다.

3. 얼마를 가지고 있어야 경제적 자유를 얻었다고 할까요?

물가 상승, 금리 인상 등 예전보다 경제적 자유에 대한 기준이 점차 높아지는 것 같습니다. 어떤 분들은 10억~20억이면 은퇴하고 싶다고 합니다. 상속을 받든, 사업을 하든, 재테크로 자산을 늘려 가든 경제적 자유를 얻는 데는 다양한 방법이 있습니다.

돈을 많이 벌고 싶으면 돈 있는 곳으로 가야겠죠. 하지만 쉽지 않습니다. 안정적인 걸 원한다면 직장생활을 하면 되고, 더 많은 수익을 원한다면 시간을 투자해야 합니다.

틈틈이 시간을 투자해서 여러분들이 원하는 금액, 경제적 자유를 얻길 바랍니다. 돈이 행복의 전부는 아니지만 저는 가족을 지키기 위한 하나의 수단이라고 생각합니다. 지금도 저는 계획한 목표를 위해 노력하고 있습니다. 얼마를 가져야 경제적인 자유를 얻었다고 할 수 있을까요? 스스로 생각해서 그 목표를 위해 천천히 움직이길 바랍니다. 저는 가난의 대물림이 없는 게 목표라서 지금도 노력하고 있습니다.

4. 부동산경매 투자도 꾸준함입니다

정말 치열하고 경쟁하는 사회에서 대박을 원한다면 그만큼 노력해야 한다는 걸 알게 되었습니다. 집안이 풍족해서 도움을 받지 않는 이상 스스로 노력해야 이룰까 말까 한 확률이지만 그래도 시도하고 꾸준함으로 승부를 보면 이루어질 거라고 믿습니다.

부동산 투자든 어떤 사업이든 시간을 투자하고 노력하면 발전하는 모습이 보일 겁니다. 부동산경매 투자도 마찬가지라고 생각합니다.

임장을 다니고 시세, 상권을 파악하며, 세대수 확인하고, 유동 인구 등을 조사하다 보면 아는 게 많아집니다. 이렇게 꾸준히 하다 보면 수익도 볼 수 있습니다. 부동산경매 시장에서 소위 떠나는 사람도 있고 계속 살아남는 사람도 있습니다. 스스로 부동산 투자든, 경매 투자든 노후에도 투자를 지속하고자 한다면 공부가 필수입니다.

최근 들어 영끌, 금리 인상, 원자재 인상으로 인한 미분양 관련 뉴스에서 보는 것처럼 여러 부분을 생각하고 입찰해야 합니다.

5. 부동산경매 투자의 전쟁터에 오신 걸 환영합니다

직장인이나 자영업자들은 모두 부동산경매 투자라는 기술을 한 번쯤 배워보기를 바랍니다. 노후 준비와 임대 수익을 얻고자 한다면 부동산경매가 세상 살아가는 데 도움이 될 것입니다.

간접적으로 책을 보며 많은 정보와 지식을 습득하여 창과 방패를 얻고 전쟁터에 나가 승리하는 것뿐입니다. 먼저 경험한 사람들에게 조언을 구하는 것도 도움이 됩니다.

하지만 스스로 문제를 해결할 수 있는 능력을 키우면 실력이 더 늘지 않을까요?

끝으로 경매 사건 사례로 언급되어 본의 아니게 가슴 아프게 한 사연들이 있다면 사과드립니다.

김중근

Contents

Chapter 1.

포기하지 않으면
부동산경매로
누구나 10억 벌 수 있다

1

평범한 직장인, 우연한 기회에 경매를 접하다

대학교 졸업이 점점 다가오는 시절이었다. 필자는 취업 전쟁으로 뛰어들어야만 했던 시기에 이력서 한 줄이라도 더 채우기 위해 고군분투하고 있었다. 누구나 취업 고민으로 젊은 시절을 보낸 적이 있을 것이다.

나는 이공계 출신이었다. 당연히 이공계는 취업이 잘될 거라는 생각으로 이곳저곳 지원했는데, 수십 번 거절 당했다. 하지만 다행히도 이공계 전공을 살려 첫 취업을 하게 되었다.

나는 직장인이 되었고, 마음가짐을 단단히 먹던 시절이기도 했다. 더 많은 기회와 희망을 품고 더 나은 삶을 위해 열심히 업무에 임했다. 퇴근 후에도 꾸준히 자기 계발 공부를 했다. 1년, 2년 지나면서 업무에 익숙해지고 사원에서 주임으로 승진하면서 나름 직장생활에 재미를 느끼며 살았다. 그리고 몇 년 동안 매달 꾸준한 월급으로 저축하면서 새로운 꿈을 가지게 되었다.

재테크 관련 주식, 펀드, 부동산, 경제 분야에 눈을 돌리며 공부에 매진하는 데 하루를 다 보낸 적이 있었다. 처음에는 용어가 생소했지만 반복하고 꾸준한 관심을 가지니 가독성이 점차 생기면서 이해할 수 있게 되었다.

회사 업무를 끝내고 회식하는 날이었다. 사내에서 업무도 잘하고 인정받는 박 팀장님이 팀원들에게 여러 가지 이야기를 해 주었다.

"직장 월급만으로는 저축도 못 하고 대출 이자, 가족 생활비를 감당하기가 힘들다"라고 했을 때 피부에 와 닿았다. 현실적이고 솔직한 말에 그날 회식 후 많은 생각을 하면서 잠들었다.

다음 날 회식 때의 현실적인 이야기를 생각해 보니 나 또한 40대에도 월급으로 부족한 생활을 해야 하는지, 계속 한숨이 나왔다.

나는 집안 형편도 넉넉하지 않고 잘난 것도 없는, 그냥 평범한 직장인으로 하루하루를 이렇게 살아야 하나 많이 고민했던 시기였다.

어느 날 외삼촌한테 전화가 왔다.

"뭐 하니?"

"일정 없으면 잠깐 나와봐."

나는 얼떨결에 운동복을 입고 집 앞으로 나갔다. 외삼촌은 나를 태워 어디론가 이동했다. 우리는 '서울 송파구'에 위치한 어느 다세대주택에 도착했다.

"외삼촌, 여기 왜 오셨어요? 여기는 어디예요?"

"이 집 어때?"

"뭐가요?"

"부동산경매 물건이란다, 네가 봤을 때 어떤 것 같아?"

"위험한 거 아니에요?"

신세계를 접한 것만 같았다. 오만 가지 생각이 들면서 집을 잃게 되는 사람 마음은 어떨까, 하는 생각이 들기도 했다.

외삼촌은 천천히 현장을 돌며 경매 물건에 대해 이런저런 이야기를 해 주고 현실적인 말을 해 주었다. 그리고 나의 눈을 쳐다보면서 말씀하셨다.

"성실히 사는 것도 중요하지만 재테크에 눈을 뜨는 게 중요해."

나는 부동산경매에 관심을 갖게 되었고 바로 인터넷으로 부동산경매 책을 주문했다. 경매 책은 공부할수록 정말 신세계였다. 새벽까지 읽고 또 읽고 계속 읽어 나가며 모르는 용어를 습득하고 연관된 뉴스, 칼럼까지 읽기 시작했다. 법률 용어라 어려웠지만 끊임없이 계속 읽으며 모르는 걸 찾고, 질문하고, 계속 머릿속에 넣었다.

어느 날 외삼촌에게서 문자가 왔다.

"평일 시간 되는 날 법원 구경 가자."

나는 흥분한 상태로 다음날 월차를 냈다. 그리고 오전 일찍 남부법원 앞에서 외삼촌을 만났다.

처음 법원을 방문하다 보니 기가 눌리는 느낌을 받았다. 법원 근처에는 법무사, 변호사, 녹취록 관련 업종들이 즐비했고 신기한 것투성이였다.

법원 입구 1층에서 검문소처럼 소지품 검사를 받고 나서야 입장할 수 있었다. 법원 경매장에 입장하는 순간 대출 명함을 나누어주는 사람, 볼펜으로 A4용지에 무엇인가를 작성하는 사람이 보였다. 입찰표와 입찰 봉투를 받고 경매 시작을 기다렸다.

외삼촌은 경매장 한구석에서 입찰표를 작성하여 입찰함에 넣었다. 내게도 입찰표를 직접 작성해보라고 하면서 옆에서 지켜보고 계셨다.

그동안 책에서 공부한 내용을 생각하며 입찰표를 적기 시작했는데 갑자기 외삼촌이 '입찰 가격'란을 가리키면서 버럭 화를 냈다.

그때 입찰 가격란에 입찰 금액을 잘못 작성하면 10%가 몰수되는 경우가 있다는 걸 알게 되었다. 외삼촌은 내게 경각심을 주려고 일부러 화를 낸 것이었지만 그 상황에서는 외삼촌이 무서웠다.

그냥 불러주는 대로 입찰 금액을 작성하고 신분증을 지참해 입찰함에 입찰 봉투를 넣었다. 아쉽게 외삼촌은 패찰되었고 나는 실수로 보증금을 넣지 않아 무효 처리가 되었다. 법원 입찰이 끝나고 근처에서 점심을 먹으며 삼촌은 내게 많은 이야기를 해 주었다. 그중에서 제일 머릿속에 떠오는 건 '이것도 경험이라고'이다.

나는 외삼촌과 헤어져 도서관에서 책을 펼쳐 직접 경험한 것을 토대로 생각하면서 읽기 시작했다. 정말 현장을 가보고 다시 책을 읽는 순간 쉽게 이해가 됐다. 머릿속에 처음부터 끝까지, 입찰부터 명도에 이르기까지 일 처리 과정이 한 번에 확립되었다.

퇴근 후에는 권리분석, 배당표, 서류 양식, 소송, 법률 등 관련 책들을 쌓아두고 계속 읽고 공부했다. 주말에는 관심 물건을 체크하고 답사를 다녔다. 동네 근처에 있는 물건을 보면서 정보를 얻고 부동산 중개업소에 들어가 정보도 듣고, 상권을 살펴보고 차곡차곡 경험치를 쌓으며 그렇게 시간을 보냈다. 이처럼 현장에서 손품 팔고 발품 팔고 했던 시간이 지금의 큰 자산이 되었다.

2

첫 낙찰의 설렘은
어떤 것보다 기억에 남는다

2013년 12월 중순, 눈 내리는 한겨울이었다. 나는 그동안 공부한 데이터와 조력자인 외삼촌을 믿고 용기를 내서 수원지방법원 평택지원 2013-XXXX 경매 물건을 입찰 시도하려고 마음먹었다.

이번에는 직접 입찰을 위해 혼자 경매 물건지까지 갔다. 주말을 이용해 서울에서 평택까지 지하철을 타고 갔다. 멀고 먼 일정이었지만 그때의 열정으로는 힘들다는 생각을 하지 않았다.

한 시간 이상 지하철을 타고 도착한 평택역은 새로운 지역이었다. 평택은 미군 부대가 제일 먼저 떠오르는 지역이기도 했다. 평택역에 도착하며 미국 군인들이 거리를 활보

하는 모습이 떠오르던 시절이 있었다.

해당 입찰 물건은 네이버 지도상 지하철역까지는 도보 5분 거리였고, 실제로 평택역에서 해당 물건까지는 도보 8분 정도의 시간이 소요되었다. 나름 거리는 괜찮았고 대략 10분 내로 지하철역에서 물건지까지 도착하면 역세권이라는 정보를 듣고 주위 물건지를 구석구석 돌아다녔다. 주말을 이용하여 상권, 유동 인구, 동선, 근처 업무시설 등을 스스로 판단했다.

추가적인 정보과 사실 관계 내용을 얻고자 해당 물건지 근처 부동산중개업소를 찾았다. 근처 H 부동산중개업소 입구에 들어갔는데, 길을 물어보는 젊은 청년을 보듯 쳐다보는 느낌을 받았다.

나는 햇병아리처럼 조용히 문을 열고 수줍게 해당 물건에 대해 질문했는데 부동산 소장님은 이미 경매 물건에 대해 훤히 알고 있었다. 부동산 소장님은 정보망이 있는지, 해당 물건이 왜 경매로 넘어온 건지, 소유자, 임차인 중 누가 점유 중인지 모두 알고 있었다.

부동산 소장님은 해당 경매 물건지에 대해 이야기해 주었다. 80대인 할머니와 50대인 큰아들 가족이 함께 살고 있고, 상속으로 형제끼리 분쟁 중이라는 정보를 알려주었다. 몇 달 전 할머니는 돌아가셨고, 해당 경매 물건지 근처에 할머니의 둘째 아들, 셋째 딸이 살고 있다는 정보도 추가로 알게 되었다. 소중한 정보를 얻을 수 있어서 많은 도움이 되었다.

그곳에서 주위 시세인 매매가, 전세가, 월세가, 관리비, 수요층 등 호구 조사처럼 많은 정보를 얻었다.

지금 생각해보면 이런 정보를 얻을 수 있어서 입찰할 마음을 먹은 것이다. 인터넷으로 손품 팔기에는 한계가 있다. 부동산경매는 현장에서 답이 나온다. 현장 정보를 듣고 본인이 해결할 수 있는지 없는지 판단하면 된다. 나는 보고 듣고 느낀 정보를 최대한 자세히 메모장에 기록하였다.

- 메모장

*2013-XXXX

1. 평택역 도보 8분 거리

2. 해당 물건 수요층

3. 체납관리비 확인 금액(7백)

4. 점유자(소유자인지, 임차인인지)

5. 현재 점유자 거주 사실 내용(80대 할머니, 50대 큰아들

가족, 상속, 해당 경매 물건지 근처에 할머니의 자녀 거주 등)

6. 매매 실거래: 2억 1천

7. 전세 임대: 1억 7천

8. 월세 임대: 1000/80

임장이 끝나고 1주일 후 2013년 12월 말, 입찰 기일이었다. 전날에 은행에 방문하여 최저가 보증금 10%를 인출 후 도장, 신분증을 챙겨 놓고 바로 출발할 수 있도록 준비를 해 놓은 상태였다.

다음 날 오전 10시부터 입찰 시작이라 늦지 않게 일찍 출발하였다. 12월 말이라 그런지 입찰 당일 내린 눈으로 아스팔트에 살얼음이 얼어붙어 걷기조차 힘들었다. 그렇게 힘겹게 9시 55분까지 법원 경매장에 도착하였다. 아침 일찍 출발해서 머리도 감지 못하고 모자를 쓰고 경매장으로 입장하였다. 입장하는 순간 입찰자와 구경하는 사람들이 꽉 차 있었다. 한 공간에서 움직이기 힘들 정도로 사람이 많아서 입찰표, 입찰 봉투를 가져오는 것도 보통 일이 아니었다.

나는 입찰표와 입찰 봉투를 챙겨 하나씩 작성하였다. 사건번호, 보증금 금액, 인적 사항 등을 작성하고, '입찰 금액' 란은 비워둔 채 몇 분을 생각에 잠겼다. 몇 달 전 남부법원에서 '입찰 금액'란에 숫자 '0' 개수를 잘못 작성하여 외삼촌에게 혼난 상황이 떠올랐다. 잘못 작성하면 보증금 10%를 잃어버릴 수 있다는 생각에 식은땀이 났다. 이미 사전에 고민하고 더 고민한 후 입찰 금액을 결정했지만 실제로 작성하려니 정말 동공이 흔들렸다. 얼마를 적어야 낙찰받을지, 어떻게 해야 낙찰받을지, 입찰자는 몇 명인지, 다른 입찰자는 얼마를 작성할지…. 첫 경험이니 4천만 원만 벌어 볼까? 그래도 서울에서 평택까지 멀리 왔는데 5천만 원은 벌어야겠지? 머릿속은 오만 가지 생각으로 복잡했다.

일단 첫 경험이 중요하다고 생각하고 몇천만 원만 벌어 볼 마음으로 입찰 금액을 작성했다. 입찰 금액을 마지막으로 작성 후 최저매각가의 보증금 10%를 보증금 봉투에 넣고 입찰표와 함께 입찰함에 넣었다. 아침 일찍부터 고생했으니 낙찰받고 기분 좋게 서울로 돌아가고 싶은 마음이었다.

법원에서 나와 개찰 11시 20분까지 기다렸다. 입찰표를 넣은 순간부터 개찰 시간 동안 혹시 입찰 금액에 '0'을 더 붙였나? 보증금 10%가 아닌 미달된 금액을 넣었나? 사건번호는 제대로 작성했나? 권리분석을 잘못해서 인수되는 임차인이 거주하나? 많은 생각에 머릿속이 복잡했다. 허둥지둥 자료를 보고 근처 동사무소에 가서 전입 세대 열람을 다시 확인했지만, 다행히 문제는 없었고 개찰 시간이 다 되어 경매장에 들어갔다. 그리고 경락잔금대출 상담사가 준 명함과 경매 물건 정보지를 받아 의자에 앉았다.

내가 입찰한 해당 물건은 맨 뒷장에 있어서 다른 사건들의 낙찰 금액, 입찰자 수를 들으며 기다리고 있었다. 다른 입찰자들은 다른 사건번호를 왜 입찰하는지 이유가 궁금하기도 하고 얼마나 수익이 나는지, 호명되는 사건번호를 검색하고 연구하고 있었다. 시간이 흐르고 내가 입찰한 사건번호가 호명되었다.

2013타경 XXXX호를 호명하면서 해당 사건번호 입찰자들은 앞쪽으로 나오라고 했다. 법원 경매장이 마이크 소리에 울리면서 "2013타경 XXXX호 총입찰자 13명입니다"라는 소리가 들렸다. 그리고 몇 분 후 1등, 2등, 3등 금액 확인 후 역순으로 입찰 금액과 입찰자 이름을 부르기 시작했다.

겉으로 표현은 안 했지만 속은 시커멓게 타들어 갔다. 서울에서 평택까지 왕복하고 몇 주 전 현장답사를 하며 고생한 생각에 정말 낙찰받고 싶은 마음이 간절했기 때문이다. 처음이라 더 그럴 수 있지만 심장이 두근두근 빨라지며 내 이름이 호명되길 기대하면서 법원 경매장 마이크 소리에 귀 기울였다.

3등 입찰 금액: 176,000,000원

2등 입찰 금액: 186,621,000원

1등 입찰 금액: 186,799,000원

1등 입찰 금액과 나의 이름이 같이 호명되었고, 최고가 매수인 1등이 되었다. 신분증과 수취증을 보여 주니 보증금 10% 금액이 적힌 '낙찰영수증'을 주었다. 나는 어리둥절했지만 속으로는 너무 좋았다. 마치 선생님이 학생에게 1등 상장을 주는 모습을 떠올리면서 앞으로 나갔다. 날아갈 것 같았지만 이게 끝은 아니라는 생각으로 경매장을 빠져나왔다.

경락잔금대출 상담사가 이름과 전화번호를 알려달라고 했다. 알려줘야 하나 말아야 하나 고민하다 이름과 전화번호를 알려주니 명함을 주었다. 명함을 자세히 보니 경락잔금대출 상담사 명함이었다. '낙찰영수증'과 '경락잔금대출 상담사 명함'을 손에 쥐고 법원을 시원섭섭하게 나왔다. 아직도 한겨울 눈 오는 날이면 모자를 쓰고 경매장에 갔던 기억이 생생하다.

소액 종잣돈 3천8백만 원으로
3개월 만에 연봉 벌기

성실하게 일하고 저축하니 어느 순간 3천8백만 원이라는 종잣돈이 만들어졌다. 나는 어느 정도 생각한 종잣돈이 생기면 투자 물건을 꾸준하게 찾고 또 찾는다. 경매 물건 중 괜찮은 물건을 확인 못 하고 지나칠 수 있기 때문에 집중하면서 경매 물건을 꼼꼼히 살펴본다.

지역분석, 입지 분석, 개별 분석, 권리분석 등을 확인하고 관심 물건을 체크한다. 체크한 물건 중에서 잘 골라 한 건을 제대로 투자한다는 마음이다. 투자 물건이 대출한도가 낮거나 종잣돈+레버리지를 이용해도 잔금 납부를 못 하는 상황이 될 수도 있기 때문에 항상 자금 계획을 잘 세우고 움직여야 한다. 잔금 납부를 못 할 경우 입찰보증금을 날릴 수 있기 때문이다. 경매장은 항상 위험이 도사리고 있으니 조심성은 필수다.

다른 위험 요소는 부동산 가치를 모르고 투자하거나, 매도가 잘 안되는 부동산을 매입하는 것이다. 그러니 저렴하게 사는 것도 좋지만 부동산 안목은 필수조건이다.

또한 종잣돈이 많으면 많을수록 금액이 큰 물건을 투자해서 큰 수익을 벌 수 있고, 작은 물건을 투자해서 적게 수익을 벌 수도 있다. 처음 시작하는 사람들은 소액으로 투자해서 경험하고, 리스크를 줄이는 것도 하나의 방법이다. 그래서 나는 종잣돈이 있다면 투자 대상에 대해 고민한다.

아파트에 투자할 수 있을까?

빌라에 투자할 수 있을까?

재개발, 재건축에 투자할 수 있을까?

상가에 투자할 수 있을까?

토지에 투자할 수 있을까?

건물에 투자할 수 있을까?

특수 물건에 투자할 수 있을까?

등등

이런 고민을 하면서 물건을 찾는다. 투자 물건을 찾는 데만 몇 시간을 검색하고 컴퓨터 앞에서 많은 시간을 소비한다. 한 번 잘못된 투자로 골머리가 아플 수 있기 때문에 신중해야 한다. 한 번 잘못하면 다시는 부동산 투자는 거들떠보지도 않고 부동산 바닥을 영원히 떠나야 할지도 모른다. 나는 안전한 투자를 원칙으로 생각하고, 무리한 투자는 권하지도 않는다.

다음의 사례는 소액 종잣돈 3천8백만 원과 대출 레버리지를 이용하여 매입 후 바로 매도한 사건이다. 쉽게 명도하고 바로 매도할 수 있는 물건이기 때문에 3개월 만에 매도하고 내 품을 떠나 아쉬움만 남은 물건이다. 실거주를 목적으로 매입한 매수인은 좋은 남향에서 잘살고 있을 것이다. 쉽게 처리하고 매도해서 단기간에 1년 연봉의 수익을 볼 수 있었다. 몇 년 전에는 법인 대출이 잘 진행되어 문제없이 매입하고 매도했는데 최근에는 법인 대출이 제한되어 투자를 쉽사리 못하고 있다. 법인으로 매입하고 매도한 물건이기에 세금은 별 탈 없이 진행했던 나름 괜찮은 물건이라고 생각한다.

– 경기도 XX빌라 23평 (낙찰: 1억 2천만 원)

– 자기자본: 3천8백만 원

– 담보대출: 8천2백만 원 (연 금리: 3.6%)

---------------------------------- 투자수익률 ----------------------------------

– 계산 결과 –

매수 가격: 120,000,000원

투입 자본: 38,000,000원

– 매도 금액 –

1억 5천만 원

– 수익금 –

3천만 원

영　수　증

　　　　　　　　　　　　　　　　　　　　　　　　●●● 귀 하

사건번호	물건 번호	부동산 매각 보증금액	비 고
●●●●●●●●	1	●●●●●●●●	

위 금액을 틀림없이 영수 하였습니다.

●●●● ● ●

수원지방법원 평택지원 집행관사무소

집 행 관　　●●●

＊ 사건에 대한 문의는 민사 집행과 담당 경매계에 문의하십시오.

[낙찰영수증]

4 소액 투자 1건으로 큰 목돈 벌기
(일시적 1가구 2주택 비과세 혜택)

경기도 아파트에 소액 종잣돈 3천8백만 원으로 투자해서 수익을 얻은 앞의 사례는 종잣돈으로 재투자에 성공한 내용이다. 나는 초보 시절, 안전한 주택을 선호했다. 상가를 잘못 투자하면 기한 없는 공실 때문에 대출이자, 관리비를 계속 감당할 자신이 없었다. 토지를 잘못 투자해서 매도할 수 없는 상황이 되면 종잣돈이 묶일 수 있기 때문에 처음부터 상가 투자와 토지 투자는 하지 않았다. 주택투자를 하면서 상가, 토지 관련 안목을 키우기 위해 이론을 공부했으며, 현장을 다녔다.

수도권 위주로 주택 상품을 보면서 자금 대비 투자할 수 있는 물건을 검색하던 중 경기도에 있는 아파트를 선택해서 입찰했다. 이때는 월차를 내고 회사 눈치를 보면서 경매장을 갔던 시절이라 신중하게 낙찰 확률이 높고 추후 시세차익을 볼 수 있는 물건을 찾았는데 그게 바로 경기도 물건이었다.

결론만 말하자면 2억 5천만 원에 매도해서 7천5백만 원의 목돈을 얻었다. 몇 년 전까지만 해도 '일시적 1가구 2주택 비과세' 항목이 있어서 혜택을 본 케이스였다.

월급 외 부가적인 수입으로 연봉 이상의 금액이 들어오는 순간, 짜릿한 느낌이 들었다. 세금 공부를 해서 양도소득세를 회피할 수 있었으니, 그만큼 공부에 매진하고 더 심도 있게 몰입할 수 있었다.

아는 것이 힘이라고 부동산은 세금과 밀접한 관계여서 취득세, 보유세, 양도소득세 등 필요 세금을 공부하는 것이 좋다. 세금을 잘못 계산하면 몇 년 뒤 가산세까지 합산해서 고지되므로 세무사에게 조언을 듣는 게 가장 좋다.

부동산에 관심이 있는 분들은 법 개정을 항상 확인하고 정보에 민감해야 한다. 양도소득세는 매도 시점이어서 계약 시점으로 알고 있다면 한순간 몇백에서 몇천만 원을 내야 하는 경우도 있으므로 부동산 정보에 귀를 기울여야 한다.

여기서 한 가지 강조하고 싶은 것은 투자로 목돈을 벌었다고 직장을 퇴사하거나 전업 투자자가 돼서는 절대 안 된다는 거다. 매달 월세가 들어오는 월세 세팅을 하고 서서히 퇴사 준비를 해야 한다. 한 건 매도로 목돈을 벌었다고 퇴사하는 건 무리수이니 꼭 명심했으면 한다.

필자 사례

- XX아파트 32평 (낙찰: 1억 7천5백만 원)
- 전세: 1억 4천만 원
- 자기자본: 3천5백만 원

-------------------------------- 투자수익률 --------------------------------

– 계산 결과 –

매수 가격: 175,000,000원

투입 자본: 35,000,000원

보증금: 140,000,000원

– 매도 금액 –

2억 5천만 원

– 수익금 –

7천5백만 원

5

현 정부 정책 덕분에
시세차익 누린 부동산 투자
(시장원리가 아닌 정부개입으로 왜곡된 부동산 시장)

　수요를 억제하고 누를수록 부동산 가격의 왜곡된 현상을 볼 수 있다. 참여정부 시절에도 부동산 수요 억제 정책을 시행하면서 부동산 가격이 상승한 경우가 있다. 전 정권도 과거 정책과 비슷한 수요 억제 정책을 발표하고 시행함으로써 비슷한 왜곡 현상이 나타났다.

　개인적으로는 이런 투자가 나쁘다고 생각하지 않지만 공급, 수요 원칙인 시장원리를 정부 개입으로 부동산 시장을 망가트린 상황에서 미래의 젊은 세대들이 어떻게 살아갈지 의문이다. 정부의 개입으로 부동산 가격이 상승한 상황에서 현 투자자들에게는 부를 더 축적할 수 있는 계기가 되고, 빈부격차가 더 벌어지는 시대가 된 것이다.

나 또한 몇 년 전 소액으로 갭투자를 하여 현재까지 몇억이 오르는 현상을 경험했다. 이런 왜곡된 현상을 이용해서 부동산 투자를 이용하는 영리한 투자자들도 있기 때문에 항상 부동산 시장의 흐름을 추측한다면 자산을 지키는 데 큰 도움이 될 수 있을 것이다.

부동산 투자는 이론이 아니라, 내 돈을 투입해야 실전 공부가 된다. 이런 용기는 꾸준한 공부가 필요하다. 공부를 하면 할수록 수익률이 많이 올라가고, 판단도 현명해진다. 부동산 시장에 대한 미래는 정확한 답은 없지만 그래도 시장이 어떻게 흘러가는지 추측해야 자산을 지킬 수 있다.

필자 사례

– XX아파트 28평 (낙찰: 2억 5백만 원)

– 전세: 1억 7천만 원

– 자기자본: 3천5백만 원

투자수익률

– 계산 결과 –

매수 가격: 205,000,000원

투입 자본: 35,000,000원

보증금: 170,000,000원

– 매도 금액 –

4억 원

– 수익금 –

1억 9천5백만 원

4개월 만에 법인 투자로
단기 차익 극대화
(2020. 6. 17. 부동산 대책으로 법인 투자자 초토화)

2020년 6. 17. 법인 투자자들을 초토화시킨 부동산 정책이 발표되었다. 나는 개인명의, 법인명의, 공동투자 등 다양한 방법으로 투자하는 투자자로서 충격을 받았다. 국토교통부 보도자료를 보면 주택담보대출 법인 금지, 종부세 6억 공제 폐지, 양도 시 추가 세율 등 법인으로 주택을 아예 사지 말라고 돌려서 이야기하는 것 같은 조치였다.

하지만 '별첨: 주택 수 합산 및 중과 제외 주택' 자료가 있었다. 세금의 무서움을 알고 있어서 제외 항목인 공시가격 1억 이하 물건을 찾아 지방 소도시 아파트를 매입 후 매도한 사례가 있다.

지방도 지방 나름이고 경매라는 특징이 싸게 사서 정상

가격에 매도하면 된다는 생각으로 지역 답사를 하면서 지역분석, 입지 분석, 개별 분석, 임대가, 매매가, 인구수 등을 분석하고 지역 주민들한테 이런저런 문의도 하면서 정보를 얻었다.

대출 없이 매입 후 바로 4개월 만에 최고 신고가로 매도해서 4천5백만 원의 이익을 얻었던 경험으로, 규제를 회피하는 방법도 하나의 수단이다. 부동산 가격은 수많은 규제로 인한 최고 신고가가 나오는 상황이라 타이밍 좋게 매도한 것이다. 여러분도 잘 분석해서 좋은 성과를 이루었으면 하는 바람이다.

－ 보도자료 －

1. 주택 매매·임대사업자 주택담보대출 금지(법인사업자 포함)

2. 법인 보유 주택에 대한 종부세율 인상

3. 법인 보유 주택에 대한 종부세 공제(6억 원) 폐지

4. 법인의 조정대상지역 내 신규 임대주택에 대해 종부세 과세

5. 법인이 보유한 주택 양도 시 추가 세율 인상 등

6. 법인 취득세 강화

등등

| 법인 주택 취득세 강화

주택 수	취득세			
	개인		법인	
	조정 지역	비조정 지역	조정 지역	비조정 지역
1주택	1~3%		12%	
2주택	8%	1~3%		
3주택	12%	8%		
4주택 이상	12%	12%		

| 주택 수 합산 및 중과 제외 주택

연번	구분	제외 이유
1	가정어린이집	육아 시설 공급 장려
2	노인복지주택	복지시설 운영에 필요
3	재개발사업 부지확보를 위해 멸실 목적으로 취득하는 주택	주택 공급사업에 필요
4	주택시공자가 공사대금으로 받은 미분양 주택	주택 공급사업 과정에서 발생
5	저당권 실행으로 취득한 주택	정상적 금융업 활동으로 취득
6	국가 등록문화재 주택	개발이 제한되어 투기 대상으로 보기 어려움
7	농어촌 주택	투기 대상으로 보기 어려움
8	공시가격 1억 원 이하 주택(재개발 구역 등 제외)	투기 대상으로 보기 어려움, 주택 시장 침체지역 등 배려 필요
9	공공주택사업자(지방공사, LH 등)의 공공임대주택	공공임대주택 공급 지원
10	주택도시기금 리츠가 환매 조건부로 취득하는 주택(sale & lease back)	정상적 금융업 활동으로 취득

11	사원용 주택	기업활동에 필요
12	주택건설사업자가 신축한 미분양된 주택	주택 공급사업 과정에서 발생*신축은 2.8% 적용(중과 대상 아님)
13	상속 주택(상속개시일로부터 5년 이내)	투기목적과 무관하게 보유*상속은 2.8% 적용 (중과 대상 아님)

공시가격 1억 원 이하 주택은 취득세 중과 제외

필자 사례

- XX아파트 23평 (낙찰: 5천8백만 원)

- 자기자본: 5천8백만 원 (대출 없이 진행)

---------------------------------- 투자수익률 ----------------------------------

- 계산 결과 -

매수 가격: 58,000,000원

투입 자본: 58,000,000원

- 매도 금액 -

1억 3백만 원

- 수익금 -

4천5백만 원

7

월급 외 월세로
추가 수익 얻기

  현시대를 월급만으로 살아가는 데는 어려움이 있다. 큰 부를 얻으려면 사업을 하거나, 재테크를 하거나, 부를 증식할 수 있는 방법을 생각해야 한다. 나도 직장생활의 내일이 하루하루 막막할 때가 있었다. 매달 꼬박꼬박 월급 외 월세가 내 통장에 입금된다고 생각해 보자. 얼마나 짜릿한 일인가.

  부동산 투자, 어렵게 생각하지 말자. 한 번 경험해 보면 그 이후부터 월세 300만 원, 500만 원, 1,000만 원 수익을 낼 수 있는 능력이 생길 것이다. 나 또한 첫 부동산 투자로 수익을 보고 다시 재투자하고, 재투자하며 자산이 증가하는 걸 직접 느껴 본 장본인이다. 월급 외 꾸준한 월세를 받고 싶은 마음에 레버리지를 이용해서 수익형 부동산을 한 채,

두 채, 세 채 등 꾸준히 늘리다 보니 현재는 일을 안 해도 매달 월세가 들어오는 시스템을 만들었다. 얼마나 경제적 자유와 시간적 여유가 생기는지 느껴야 한다. 처음에는 못 할 줄 알았는데 목표를 세우고 실행하니 현실이 되었다. 다음 단계, 다음 단계 더 큰 부동산 안목을 키우기 위해 노력하고, 공부하고, 임장하며, 시간을 보내고 있다.

최근 노후를 편안하게 보내려면 월 300만 원이 있어야 한다는 뉴스를 보았다. 그보다 더 일찍 이룰 수 있고, 더 많은 월세를 받을 수 있다. 직장인들의 근로소득으로는 턱없이 부족하니 저렴한 빌라라도 사서 수리하고 월세 임대로 주면 임대소득은 고스란히 추가 수입이 될 것이다. 적은 종잣돈으로 레버리지만 일으키면 상가도 쉽게 매입할 수 있어서 월세 임대 세팅을 할 수 있다.

빌라, 아파트, 상가, 건물 등 임대소득을 얻을 수 있는 부동산을 하루빨리 공부하고 편안한 노후와 경제적 자유를 얻어야 한다. 경제적 자유를 얻으면 그만큼 노동의 시간이 줄고 그 외 시간에 다른 소득을 얻을 수 있는 방법을 생각하는 것이다.

다음 사례는 낙찰받고 임대로 주면서 꾸준히 월세를 받

는 경우이다. 나는 추가적인 월세 수입은 저축하고, 시세 차익은 덤으로 얻고 있다. 간단하게 매입 후 월세를 주고 추후 양도소득세를 계산해서 매도하면 된다.

필자 사례

– XX아파트 32평 (낙찰: 1억 4천5백만 원)

– 월세 1000/70

– 자기자본: 5천만 원

– 담보대출: 8천5백만 원 (연 금리: 2.6%)

투자수익률

– 계산 결과 –

매수 가격: 145,000,000원

투입 자본: 50,000,000원

보증금: 10,000,000원

필요한 대출금액: 85,000,000원

– 연리 –

연 금리: 2.6%

대출 연 이자: 2,210,000원

– 월세 –

매달 월세: 700,000원

1년분 월세: 8,400,000원

– 투자수익률 –

순수익(1년): 6,190,000원

투자수익률: 12.38%

초보 투자자는 역세권과
수요층을 보고 투자하라

초보 투자자는 역세권과 개발 호재 및 수요층이 탄탄한 곳을 보고 투자하면 안전하다.

다음은 부모님 명의로 투자한 이야기이다.

나는 부동산 투자 초보 시절 부동산 관련 책을 수없이 읽었다. 책에서는 안전한 역세권 투자가 임대나 수요 또한 안전해서 공실에 대한 위험도가 낮다고 했다. 그렇다고 안전하다는 보장은 없지만 초보 투자자가 주택 투자를 할 경우 역세권 투자와 수요층을 보고 투자하는 것이 안전하다고 말하고 싶다.

내 경우에도 부동산 투자는 역세권과 수요층을 보고 임대 관련 조사 후 매입했다. 당연히 첫 투자는 겁나고 두렵다. 그래서 역세권으로 추천한다.

나의 첫 투자는 역세권 5분 거리로 해당 투자 물건 주위에 학교군이 몇 개 있어서 수요층이 탄탄할 것으로 생각했고 실제로 투자 후 임대로 내놓고 1주일 이내에 임대 완료가 되었다.

역세권이 인기가 있는 이유는 '직주근접' 때문이다. 직주근접은 직장과 주거지까지 거리가 가까운 것을 의미한다. 집에서 직장까지 지하철로 얼마나 편하고 빠르게 갈 수 있는가와 관련이 있어 역세권은 인기가 많을 수밖에 없다.

또한 부동산 투자에서는 개발 호재를 보게 된다. 개발 호재는 신도시, 산업단지, 관광지, 택지지구, 지하철, 공항, IC, 도로 확장, 고속도로 개발 등의 진행 여부이다.

이런 정보들을 바탕으로 투자지역을 선정한 후 물건을 검색하고 투자하면 손해를 보진 않을 것이다. 무리한 대출만 아니라면 누구나 쉽게 투자할 수 있다. 물론 개발 호재보다 중요한 건 수요와 공급의 법칙이지만 추후 개발 호재가 덤으로 있다면 금상첨화가 아닐까?

- XX아파트 32평 (낙찰: 2억 원)

- 월세 1000/70

- 자기자본: 3천만 원

- 담보대출: 1억 6천만 원 (연 금리: 2.6%)

-------------------------------------- 투자수익률 --------------------------------------

- 계산 결과 -

매수가격: 200,000,000원

투입자본: 30,000,000원

보증금: 10,000,000원

필요한 대출금액: 160,000,000원

- 연리 -

연 금리: 2.6%

대출 연 이자: 4,160,000원

- 월세 -

매달 월세: 700,000원

1년분 월세: 8,400,000원

– 투자수익률 –

순수익(1년): 4,240,000원

투자수익률: 14.13%

9

경기 악화 예상에 따른 수익형 주택 투자

아시다시피 경기 악화로 인한 여러 악재인 금리 인상, 식료품 인상, 유류비 인상, 물가 상승 등 자영업자 가계대출 사태로 여러 가지 안 좋은 소식이 들려왔다. 부동산 사이클처럼 5년 주기, 10년 주기로 부동산 경기, 건설 경기 등의 악재를 예상하는 분들도 있을 것이다.

1998년 IMF, 2008년 리먼 사태 등 과거 역사를 살펴보면 곧 비슷한 경기 불황기가 올 수도 있다고 예측할 수 있다. 그래서 월세를 받을 수 있는 부동산으로 이 시기를 극복할 생각으로 대출 없이 저렴한 부동산을 매입하고자 했다. 무리한 대출, 부동산 거래 감소로 가격 하락 현상을 예측하며 자산을 방어하자는 마음으로 안전한 물건을 찾아다녔다.

소액으로 월세를 받을 수 있는 물건을 물색하다 지방까지 다니게 되었다. 이번에는 천안, 제천, 강원도 등 다양한 지역을 다니면서 투자한 사례이다. 지방 부동산이지만 수익률도 나름 좋고, 환금성이 괜찮을 것 같아서 투자하기로 했다. 지방 부동산도 시간이 흐르니 가격이 상승하게 되어 덤으로 시세차익을 누릴 수 있었다.

매각은 시기상조이지만 월세 임대 수익으로 추후 임대 종료가 되면 매각하여 갈아타기를 하고자 하는 상황이기에 적절한 타이밍을 노린 투자 사례이다. 경기 상황을 보면서 투자하는 게 투자자 마인드라고 할 수 있겠다.

필자 사례

- XX아파트 25평 (낙찰 : 9천5백만 원)
- 월세 1000/50
- 자기자본: 2천만 원
- 담보대출: 6천5백만 원

– 계산 결과 –

매수가격: 95,000,000원

투입자본: 20,000,000원

보증금: 10,000,000원

필요한 대출금액: 65,000,000원

– 연리 –

연 금리: 3%

대출 연 이자: 1,950,000원

– 월세 –

매달 월세: 500,000원

1년분 월세: 6,000,000원

– 투자수익률 –

순수익(1년): 4,050,000원

투자수익률: 20.25%

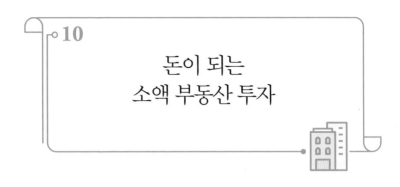

10

돈이 되는
소액 부동산 투자

다음은 필자의 부모님 명의로 투자한 경우이다.

사람들은 대부분 부동산 투자는 큰돈이 있어야만 한다고 생각한다. 하지만 소액으로 할 수 있는 게 무궁무진하다, 몇 백에서 몇천만 원으로도 가능하다는 말이다. 경험이 없더라도 조력자나, 교육을 통해 투자 경험을 쌓는다면 자기만의 투자 무기가 생기게 될 것이다.

지방 부동산은 돈이 안 되고 지속해서 가격이 내려간다고 생각하거나 크게 오르지 않는다고 생각한다. 물론 수요가 많은 수도권보다 가격 상승 면에서는 떨어지지만 위험부담 없는 소액 투자도 나쁘지 않은 방법이다.

나 같은 경우 실제 1천만 원으로 1년 만에 7천만 원 정도가 상승하는 것을 경험했다. 지방 소액 토지도 미래가치를 위해 투자해서 몇 년 후 매각하면 어느 정도의 시세차익을 볼 수 있을 것이다.

실제로 청주에 있는 아파트 1천만 원 투자로, 1억 7백에 매입해서 실제 1억 8천만 원까지 상승하는 것을 경험해 보니 지방 아파트도 나름 괜찮다는 것을 깨닫게 되었다.

아파트의 경우 환금성 위주로 투자했지만, 부모님의 노후 대비용으로 매각은 보류했고 월세로 전환하여 꾸준히 월세 수익을 얻고 있는 케이스이다. 지방도 부동산에 대한 안목만 있다면 소액으로 투자할 곳이 많기 때문에 공부하다 보면 감각적으로 눈이 들어오는 게 있을 것이다.

100%의 확신이라기보다 어느 정도 안전하게 투자하고 원금손실과 위험 리스크가 없다면 과감하게 투자하는 것도 나쁘지 않는다고 생각하기 때문에 도전해 볼 만하다.

필자 사례

- XX아파트 25평 (낙찰: 1억 7백만 원)

- 월세 1000/50

- 자기자본: 3천만 원

– 담보대출: 6천7백만 원 (연 금리: 3%)

---------------------------- 투자수익률 ----------------------------

– 계산결과 –

매수가격: 107,000,000원

투입자본: 30,000,000원

보증금: 10,000,000원

필요한 대출금액 : 67,000,000원

– 연리 –

연 금리: 3%

대출 연 이자: 2,010,000원

– 월세 –

매달 월세: 500,000원

1년분 월세: 6,000,000원

– 투자수익률 –

순수익(1년): 3,990,000원

투자수익률: 13.30%

11

악질 점유자 만나면
잔금 납부 후 사용료 청구

경매 투자를 하다 보면 명도 과정에서 정말 끈질기게 악질인 점유자를 만나는 경우도 있다. 나는 사람과 사람이 만나는 과정이기 때문에 원만하게 잘 협의하고 조율해서 부동산을 명도한다. 어떤 성향의 점유자를 만날지 모르기 때문에 항상 조심스러운 부분이다.

한 사건의 경우, 대항력 없는 임차인이 잔금 납부 이후에도 계속 시간을 질질 끌려고 하는 느낌이었다. 대항력 없는 임차인의 경우 순순히 이사비용이라도 건네주고 잘 마무리하면 되지만 무리한 요구를 하는 임차인도 있다. 이 경우 보증금을 다 배당받더라도 임차인 뒤에서 조정하는 경매 컨설팅 업체가 있다. 경매 컨설팅 업체는 이사비용을 더 요구하도록 시키거나 임차인이 사용한 체납관리비도 납부하지 말라고 시킨다. 또 악질 점유자는 소유권 이전 후에도 계속 사용 수익한다. 나는 이런 경우 내용증명으로 압박을 가한다. 반응을 보고 잘 협의해서 처리하기 때문에 마무리는 좋게 끝난다.

경매 투자자가 아니더라도 부동산 관련 종사자나, 관리업체, 임대사업자들은 이런 경우를 많이 겪을 수 있기 때문에 별도로 임대차 분쟁 관련 공부를 한다면 많은 도움이 될 것이다. 어느 정도 옳고 그름을 잘 판단해서 악질 점유자에 잘 대응하기를 바란다.

이런 악질 점유자를 만나는 경우 똑같이 대응하거나 잘 설득하면 된다. 끝까지 참고 좋게 마무리할 수도 있지만, 어느 정도 심리적으로 압박을 주기 위해 내용증명과 별도로 사용 수익에 대한 소 제기를 하면 협상이 잘 들어온다. 다음의 대항력 있는 임차인 및 대항력 없는 임차인 관련 부당이득 반환 청구 소송 성립 여부 내용을 숙지하면 도움이 될 것이다.

아래 관례는 낙찰자가 잔금을 납부하면 소유권을 취득하게 되는데, 이때 문제가 되는 것은 낙찰 물건을 사용 수익하는 점유자의 비용 부분이다.

「민법」 741조에서는 "법률상 원인 없이 타인의 재산 또는 노무로 인하여 이익을 얻고 이로 인하여 타인에게 손해를 가한 자는 그 이익을 반환하여야 한다"라고 명시하고 있다. 즉 잔금 납부로 인하여 소유권이 낙찰자에게 넘어간 상태에서 낙찰 물건을 사용 수익하는 것은 부당이득이 된다.

「주택임대차보호법」에서는 이에 대한 내용을 좀 더 구체적으로 명시하고 있다. 「주임법」 제3조의 5에서는 "임차권은 임차주택에 대하여 「민사집행법」에 따른 경매가 행하여진 경우에는 그 임차주택의 경락에 따라 소멸한다. 다만, 보증금이 모두 변제되지 아니한, 대항력이 있는 임차권은 그러하지 아니하다"라고 명시하고 있다. 이 조항은 경락에 따라 임차권은 소멸되지만 대항력이 있는 선순위임차권은 소멸되지 않는다는 뜻이다.

- 판례

(대법원 2003다 23885) 「주택임대차보호법」상의 대항력과 우선변제권의 두 권리를 겸유하고 있는 임차인이 우선변제권을 선택하여 임차주택에 대하여 진행되고 있는 경매 절차에

서 보증금에 대한 배당 요구를 하여 보증금 전액을 배당받을 수 있는 경우에는, 특별한 사정이 없는 한 임차인이 그 배당금을 지급받을 수 있는 때, 즉 임차인에 대한 배당표가 확정될 때까지는 임차권이 소멸하지 않는다고 해석함이 상당하다 할 것이므로, 경락인이 낙찰 대금을 납부하여 임차주택에 대한 소유권을 취득한 이후에 임차인이 임차주택을 계속 점유하여 사용·수익하였다고 하더라도 임차인에 대한 배당표가 확정될 때까지의 사용·수익은 소멸하지 아니한 임차권에 기한 것이어서 경락인에 대한 관계에서 부당이득이 성립되지 아니한다.

보통 부당이득 반환 청구 소송은 소액사건에 해당할 수 있어서 혼자서도 전자소송을 할 수 있으므로 어렵게 느낄 필요가 없다. 법률 지식이 부족하면 자료를 찾고, 소장을 작성하고, 접수하는 등의 시간이 많이 소요될 수 있지만 경매 투자자라면 한 번쯤 공부해서 직접 해보기를 추천한다.

실제로 사용 수익 비용은 몇백만 원인 가능성이 있다. 기본적인 소장 작성 방법도 공부해 보면 많은 도움이 되며, 소액사건은 소송목적의 값이 3,000만 원을 초과하지 않는 사건을 대상으로 하기 때문에 어렵게 생각하지 않아도 된다.

부동산 임대관리를 하는 분들이라면 꼭 참고하기 바란다.

사례

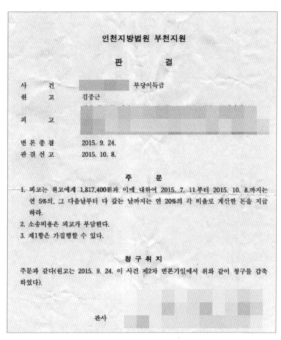

[판결문]

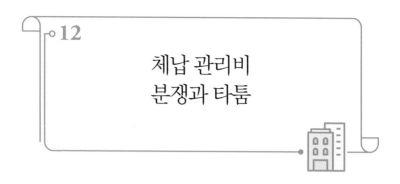

12

체납 관리비
분쟁과 타툼

어느 날 오전, 현관문 벨 소리가 들렸다. 부모님께서 주문한 배송 상품인가, 하고 별 생각 없이 문을 열어주었다. 우체국 배달원이 내 이름을 부르면서 "본인 맞으세요?"라고 물었다. 나는 그의 손을 보고 '법원 우편물'이라는 글자를 보게 되었다. 속으로 '올 게 왔구나!' 생각하며 전자서명 후 수령했다.

경매로 낙찰받은 물건의 해당 관리사무실에서 보낸 소장이었다. 그래도 혹시 다른 청구 사유가 있나 생각했지만 예상한 대로 전 채무자가 체납한 관리비 약 300만 원을 청구한 소 제기였다. 전부터 관리사무실과 체납 관리비 분쟁으로 다툼이 있었다.

20대 어린 나이에 경매를 시작하다 보니 관리사무실 관리자는 내가 어리고 아무것도 모르는 햇병아리처럼 보였던 건지 체납 관리비를 '전부' 납부하라고 한 것이다. 나는 이미 체납 관리비 '전부' 납부가 아니라 공용 부분과 전용 부분을 구분해서 납부하면 된다는 걸 알고 있었다.

그러나 관리사무실에서 체납 관리비 전부를 납부하라고 겁을 준 것이다. 그래서 나는 관리사무실에 판례를 보여주

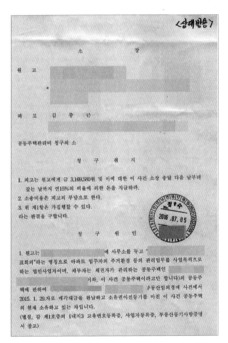

[상대방 청구의 소]

면서 대화했다. 그런데도 전부 입금해야 한다는 억지 주장을 부려 법원에서 다툼이 있었던 케이스였다.

법원 판결로 판가름을 내보자는 생각으로 공부해서 방어했다. 송달받는 날부터 정해진 기간 안에 증거자료와 상대방 청구에 반박할 수 있는 자료를 첨부하여 제출했다. 셀프로 준비서면을 제출하려고 하다 보니 퇴근 후 몇 시간씩 고군분투했던 기억이 난다.

[준비서면]

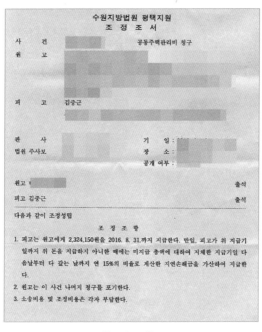

[조정조서]

판사가 원고와 피고를 각각 대질신문 후 원고, 피고가 서로 합의하고 조정 성립 후 마무리되었다. 전 채무자가 사용한 체납 관리비는 낙찰자의 인수 여부를 구분하고 소멸시효에 해당하는 부분을 주장했던 사건이었다. 세상은 모르면 불합리하게 당할 수 있으니 공부는 죽을 때까지 했으면 한다.

13

직장인 부동산 투자자에서
공인중개사로 전향하기

나는 부동산 투자로 새로운 꿈을 꾸게 되었다. 부동산에 관심을 갖게 되면서 공인중개사 자격증 취득을 목표로 서점에서 1차 및 2차 시험 준비 서적을 구매하여 공부하기로 마음먹었다. 다른 분야로 전향하는 게 정말 무모한 짓 같기도 했지만, 마음이 움직이는 데는 어떻게 할 방법이 없었다. 동네 부동산 중개업소에 직접 들어가 합격하는 방법, 인터넷으로 합격 후기를 찾아보고, 공부 기간, 공부 방법에 대해 알아보기 시작했다.

'적을 알면 백전백승'이라는 말처럼 합격 후기를 보고 공통된 사실을 알게 되었다. 많은 시간과 방대한 공부량이란 걸…. 다른 전문 자격증 시험보다 난이도는 쉽겠지만 내게는 정말 많은 공부량이어서 그냥 직장생활을 해야 하나 고민이 많던 시기였다. 그래도 안 하면 후회하고 미련을 가질 것 같은 마음에 공부에 매진하며 도전했다.

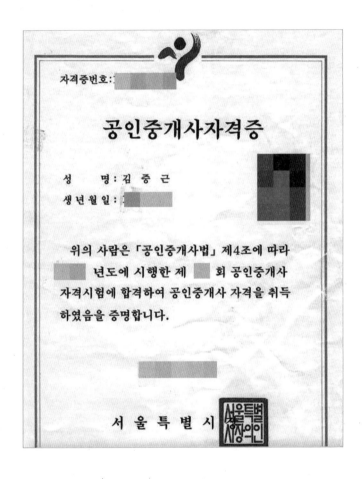

불행 중 다행인 것은 부동산 경매 공부와 실무를 접하다 보니 빠르게 습득하고 이해할 수 있었다는 점이다. 꾸준하고 철저하게 나만의 시간을 투자해서 1차 및 2차 시험을 접수하고 명절, 휴일도 없이 도서관에서 공부 시간을 계속 늘렸다. 모의고사 점수에 좌절도 하면서 합격 생각으로 도서관에서 거의 살다시피 했다.

처음에는 이렇게 많은 공부량인 줄 모르고 도전했는데 법률용어를 비롯한 생소한 용어에 골머리가 아픈 적이 한두 번이 아니었다. 그래도 꾸준함과 노력형 스타일이라 다행히 합격했고, 새로운 꿈을 꾸게 되었다.

Chapter 2.

경매 공부,
필요한 것만
숙지하자

부동산 기본 서류
이해하기

부동산을 처음 접하는 분들은 부동산 기본 서류들이 생소할 수 있다. 제일 중요한 공적 장부를 직접 확인하고 이해하는 게 가장 기본이다. 부동산 거래를 많이 하면 부동산 서류들을 자주 접하게 된다. 스스로 어느 정도 판단할 수 있는 능력을 키워야 일반 매매든 부동산경매든 위험 요소를 파악하고 안전하게 매입과 매도를 진행할 수 있을 것이다. 지금부터 기본적인 서류들에 대해 알아보기로 한다.

1. 등기부등본

부동산의 주소/면적/구조 등과 인적 사항 및 권리설정 여부 등이 기재된 가장 기본적인 서류이므로 부동산 거래 시

꼭 확인해야 한다. 등기부등본은 크게 표제부, 갑구, 을구로 구분된다.

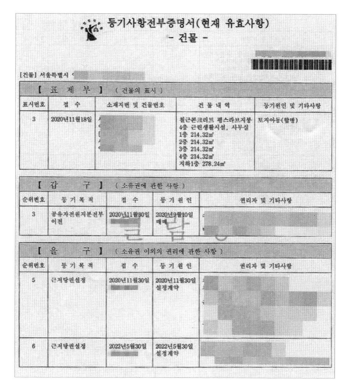

[부동산 등기부등본]

- 표제부

표제부는 토지·건물의 표시에 관한 사항으로, 표시란과 표시번호란으로 나누어진다. 표시란에는 부동산의 상황, 즉 토지의 소유권·지번·지목·평수 등이나 건물의 소유지·종류·구조·건평 및 그 변경 사항을 기재하고 목적 부동산의 동일성을 표시한다. 그리고 표시번호란에는 표시란에 등기한 순서를 기재한다.

- 갑구

부동산 등기부에서 소유권에 관한 사항을 표시한 부분이다. 소유권 이외의 권리에 관한 사항을 기재하는 을구에 상대되는 개념으로, 을구·표제부와 함께 등기된 부동산의 권리관계를 알려주는 등기부의 핵심 내용이다. 사항란과 순위번호란으로 나뉘는데, 사항란에는 대상 부동산의 소유권만을 표시하고, 순위번호란에는 사항에 표시한 소유권을 등기소에 접수한 순서를 표시한다. 소유권 사항으로는 소유권 가등기·가처분·예고등기·가압류·압류·경매신청·파산·화의, 회사 정리 등이 표시된다. 순위번호란의 번호는 빠를수록 권리가 앞선 것임을 표시하므로 경매 시 중요한 기준이 된다.

- 을구

【 을 구 】 (소유권 이외의 권리에 관한 사항)				
순위 번호	등기 목적	접수	등기 원인	권리자 및 기타 사항
1	근저당권 설정			채권 최고액 금 48,000,000원 채무자

을구에는 소유권 이외의 권리 사항이 기록된다. 을구는 저당권이나 임차권 등 소유권 이외의 권리관계를 각각 기재

하며, 다시 사항란과 순위번호란으로 나누어진다. 사항란에는 소유권 이외의 권리에 관한 사항을 기재하고 순위번호란에는 그 기재의 순서를 적는다.

대법원 인터넷등기소(http://www.iros.go.kr/)에서 열람 및 발급이 가능하다.

2. 건축물대장

　건축물의 위치·면적·구조·용도·층수 등 건축물의 표시에 관한 사항과 건축물 소유자의 성명·주소·소유권 지분 등 소유자 현황에 관한 사항을 등록하여 관리하는 대장을 말한다. 건축물의 신축/증축/용도변경 등의 변동 사항을 정리해 놓은 서류로 건축물의 용적률과 준공 연도 등을 확인할 수 있고, 만약 불법으로 건축된 건물이라면 위반건축물로 표기되어 있다.

　정부24(https://www.gov.kr/)에서 열람 및 발급이 가능하다.

3. 토지대장

토지의 소재·지번·지목·면적, 소유자의 주소·주민등록번호·성명 또는 명칭 등을 등록하여 토지의 상황을 기록한 장부이다.

토지대장에는 고유번호와 토지 소재, 축척, 지목, 면적, 사유, 변동 일자, 토지 등급, 개별공시지가 등이 기록되어 있다. 토지대장의 소유자 현황이 다른 경우 등기사항증명서 소유자가 우선하고, 토지대장과 등기부등본의 면적이 다른 경우 토지대장 내용이 우선한다.

정부24(https://www.gov.kr/)에서 열람 및 발급이 가능하다.

4. 지적도

지적도는 「지적법」상 지적공부 중의 하나로 토지의 소재, 지번, 지목, 경계 기타 내무부령으로 정하는 사항을 등록한 도면이다. 토지의 모양과 경계에 대해 확인할 수 있다.

정부24(https://www.gov.kr/)에서 열람 및 발급이 가능하다.

5. 토지이용계획확인서

해당 토지에 대한 지역·지구 등의 지정 및 행위 제한에 관한 내용과 토지거래계약에 관한 허가구역 등에 대한 확인 서류이다. 면적/지목/용도지역/용도지구 등 토지에 관한 각종 규제와 허가된 용도를 확인해 볼 수 있으므로 개발 가능 성을 살펴보고 싶다면 확인해야 할 서류이다.

토지이음(http://www.eum.go.kr/)에서 열람 및 발급이 가능하다.

국토교통부는 2016년 1월부터 부동산 관련 18종 공부
서류를 부동산종합증명서로 통합했다. 부동산종합증
명서는 '일사편리'(https://kras.go.kr:444) 홈페이지에
서 열람 및 발급 가능하다.

공부서류	발급처	확인할 수 있는 내용		사용 시기
등기사항 전부증명서 (등기부등본)	관할등기소 대법원 인터넷등기소 (www.iros.go.kr)	건물 등기사항 전부증명서	건물 주인 확인과 산 건물에 다른 권 리가 있는지 확인 할 수 있음	건물이 있는 부동산을 살 때
		토지 등기사항 전부증명서	토지 주인 확인과 산 토지에 다른 권리가 있는지 확인할 수 있음	
건축물대장	구청이나 군청 정부민원포털 정부24(www.gov.kr)	건물의 면적 층수, 구조 등을 정 확히 알 수 있음		토지를 살 때
토지대장		토지의 사용용도(지목), 실제 면 적 등을 확인할 수 있음		
지적도		토지의 모양과 옆 토지와의 경계 등을 확인할 수 있음		
토지이용 계획확인원	구청이나 군청, 토지 이용규제정보서비스 (http://www.eum. go.kr/) 정부민원포털 정부24(www.gov.kr)	토지를 원하는 대로 이용할 수 있는지 확인할 수 있음 개발 가능성을 살펴보는 데 필요		

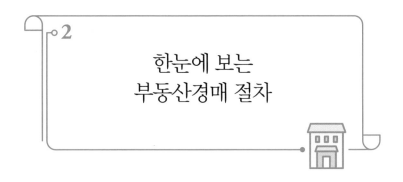

2
한눈에 보는
부동산경매 절차

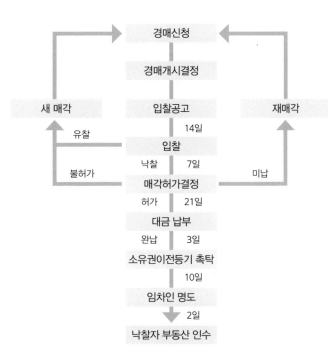

	경매신청	
	경매개시결정	
새 매각	입찰공고	재매각
	14일	
유찰	입찰	
	낙찰 7일	
불허가	매각허가결정	미납
	허가 21일	
	대금 납부	
	완납 3일	
	소유권이전등기 촉탁	
	10일	
	임차인 명도	
	2일	
	낙찰자 부동산 인수	

1. 경매개시결정

물건의 등기부등본에 '경매개시결정'으로 등기된 날을 의미한다.

임의경매(담보권 실행 경매) 기준으로 은행이 부동산을 담보로 채무자에게 돈을 빌려주고 매달 이자를 받기로 하고, 이자가 3개월 이상 연체되면 경매를 청구할 수 있도록 계약했지만, 채무자가 3기 이자를 연체했다면 경매를 청구할 수 있다. 이렇게 진행되는 것이 임의경매이다.

그리고 강제경매 기준으로 법원판결로써 처분되는 경매 사건이다. 채권자가 채무자에게 돈을 대여했지만, 돈을 갚기로 한 날이 꽤 지났는데도 채무자가 돈을 갚지 않고 있다면 이때 채권자가 채무자에게 빌려 간 돈을 갚으라는 법원 소송으로 청구하는 것이 강제경매이다.

2. 현장조사/감정평가

- 집행관

집행관마다 차이가 조금씩 있지만 약 한 달 후 집행관이 현장 조사를 나간다. 직접 부동산 물건에 방문하여 거주자에게 경매 사실을 고지하고, 점유자인 임차인이 있다면 배당 요구를 권고하게 된다. 집행관이 점유자에게 구두로 들은 사실과 집 주변 환경 정보를 기록하고, 추가로 주민센터에서 '전입 세대 열람' 및 '전입 신고 세대주의 등본'을 발급해서 전입자에 대한 조사를 법원 기록에 그 내용을 남기고 마찬가지로 현황조사서에 기록한다.

- 감정평가사

집행관과 비슷한 시기에 건물 시세나 최근 거래가액 및 내부 구조 도면 등을 첨부하여 감정평가서를 작성한다.

3. 배당요구 종기일

배당요구 종기일이 정해지면 배당 요구의 종기를 공고하고 채권자에게 이를 고지한다. 법원은 특별히 필요하다고 인정되면 배당요구 종기일을 연기할 수 있다. 배당요구 종기일까지 배당 요구를 해야 배당절차에 참여할 수 있다. 만약 배당 요구를 해야만 배당받는 채권자가 배당 요구를 종기일까지 못 했다면 차후 배당받기가 곤란한 상황이 발생할 수 있다. 미리미리 체크하는 게 중요하다.

4. 매각기일 지정 및 매각 실시

매각기일은 해당 부동산의 경매가 진행되는 날로 해당

법원에서 매각을 실시하게 된다. 일반적으로 최초 매각기일은 공고 일자로부터 3주~30일 안으로 정해진다. 경매 입찰에 참여하고 싶은 사람은 매각기일에 관할법원에 참석하여 입찰표와 입찰보증금을 제출해야 한다. 입찰이 완료되면 입찰에 참여한 사람 중 최고가로 입찰한 사람이 최고가매수신고인이 되며 낙찰받지 못했다면 그 자리에서 입찰보증금이 반환된다.

5. 유찰 후 낙찰

1차 매각기일에 아무도 참여하지 않았다면 유찰이 되고 2차 매각기일이 새로 지정된다. 2차 매각기일은 1차 매각기일로부터 약 30일 이후로 지정되지만, 지연될 수도 있으니 참고하기를 바란다.

관할법원마다 상이하게 1차 유찰되면 20%, 30% 차감된다.

6. 매각허가결정

1차든 2차든 낙찰이 되었다면 낙찰일로부터 7일 후 매각허가결정이 난다. 낙찰일로부터 일주일은 '낙찰자' 및 '채무자'를 보호하기 위한 시간이다. 이해관계인 중 채무자가 불허가 신청을 한 경우 낙찰받은 물건이 취소될 수도 있다. 이 경우 입찰보증금은 돌려받을 수 있다.

7. 항고기간

불허가 신청 없이 매각허가결정이 나면 그 결정일로부터 다시 7일의 항고기간이 주어지게 된다. 이 기간은 채무자 구제책으로 주어지는 기간이다. 앞의 매각허가결정 전 7일까지 포함해서 총 2주 동안의 구제 기간을 준다고 보면 된다.

8. 매각 허가 확정

항고기간 마감 다음 날 법원에서 매각 허가를 확정, 대금 지급 기한을 지정하는데 등기우편으로 낙찰자의 주소지로 발송해준다. 보통 매각 허가 확정일로부터 30일 이후가 대금 지급 납부 기한이 된다.

9. 대금 지급 납부

잔금 납부를 하면 소유권 이전이 깨끗한 상태인 등기부등본이 낙찰자에게 넘어온다. 소유권은 넘겨받았지만, 아직 점유자가 점유 중이므로 협의를 통해 이사비를 주고 내보낼 수도 있고, 인도명령을 통해 강제집행을 할 수도 있다. 보통 명도 과정은 약 1~6개월간 진행된다.

10. 배당기일

법원에서는 매수인 잔금 납부일로부터 1개월 후쯤으로 배당기일을 정하고 배당을 신청한 채권자와 이해관계인 등에게 통지한다. 이때, 법원은 배당받을 사람들의 순서와 금액을 표로 작성하는데 이를 배당표라고 한다. 법원은 작성된 배당표를 기준으로 배당기일에 배당을 실시한다. 배당에 이의가 있는 사람은 '배당 이의신청'을 하면 되고 별다른 배당 이의신청이 없는 경우, 경매의 절차는 마무리된다.

11. 명도

해당 물건에 점유 중인 점유자(소유자/채무자/임차인/제3점유자 등)를 내보내는 절차다. 속칭 부동산 경매의 꽃이라고 할 수 있는 명도 단계는 잔금을 납부했다고 하더라도 점유자에게서 부동산을 인도받기 전에는 소유권을 행사하기 어렵다.

점유자와 협상을 통해 명도하거나 재계약하는 방법도 있으며 소정의 이사비용을 지급하는 것도 하나의 팁이다. 만약 협의되지 않는다면 강제집행을 할 수밖에 없는 상황이 된다.

3

쉽게 이해하는 권리분석
(1분 만에 하는 말소기준권리)

1. 말소기준권리

　말소기준권리는 부동산경매
시의 권리분석에서 가장 많이
쓰이는 용어 중 하나지만 공식
적인 법률용어는 아니다. 이는
부동산경매 강의에서 개념을
알기 쉽게 설명하기 위해 쓰이
기 시작한 용어로 알려져 있
다. 부동산경매에서 부동산이

말소기준권리

낙찰자 인수 (전)　(후) 권리 소멸

말소기준

누가 경매를 신청했든 저당권,
근저당권, 압류, 가압류, 담보가등기 중
가장 등기일이 빠른 권리가
말소기준권리가 된다.

낙찰될 경우 그 부동산에 존재하던 권리가 소멸하는가, 그
대로 남아 낙찰자에게 인수되는가를 가늠하는 기준이 되는

권리를 말한다. 예를 들어 근저당권이 설정된 부동산에 임차인이 들어온 경우, 그 부동산이 경매신청 된다면 임차인 전입일이 근저당권 설정일보다 나중이 되기 때문에 부동산의 낙찰자는 임차인을 내보낼 수 있다. 이 경우 세입자의 권리는 소멸하고 그것을 판단하는 말소기준권리는 근저당권이 된다.

2. 말소기준권리가 될 수 있는 권리

- 저당권
- 근저당권
- 압류
- 가압류
- 담보가등기
- 강제경매개시결정 등기
- 전세권자가 배당 요구를 하거나 경매신청을 한 경우

용익물권인 지상권, 지역권, 전세권은 물건을 사용하는 권리이므로 말소기준권리가 될 수 없지만, '전세권'에 대한 예외가 있다. 말소기준권리 중 전세권이 말소기준권리가 되는 요건은 다음과 같이 한정된다.

① 단독, 다가구주택 등의 일부분에 설정된 전세권이 아닌 아파트, 빌라와 같은 집합건물 전유부분 전체의 전세권

② 선순위 전세권

③ 전세권자가 배당 요구를 하거나, 경매를 신청한 경우

3. 말소기준권리 사례

말소기준권리가 될 수 있는 권리 중 등기순위가 제일 빠른 근저당이 '말소기준권리'가 되며, 후순위인 압류, 가압류, 강제경매는 모두 소멸한다.

No	접수	권리 종류	권리자	채권 금액	비고	소멸 여부
1	2006.11.29	소유권이전 (매매)	○○훈		거래가액 금 94,000,000원	
2	2006.11.29	근저당	○○은행 (　　지점)	73,200,000원	말소기준등기	소멸
3	2010.04.28	압류	○○세무서			소멸
4	2011.07.06	가압류	○○은행	21,165,849원		소멸
5	2011.10.13	강제경매	○○은행	청구금액: 22,189,943원	타경1 ○○은행 가압류의 본압류로의 이행	소멸
6	2011.11.07	가압류	○○은행	8,938,567원		소멸

| 말소기준권리에 따른 인수와 소멸(요약본)

선순위(인수)	말소기준권리	후순위(말소)
* 배당 요구 하지 않은 전세권 * 지상권 * 환매등기 * 임차권 * 소유권이전청구권가등기 * 보증금을 일부 또는 전부 * 배당받지 못한 대항요건을 가진 임차인 * 말소기준권리보다 빠른 일자로 대항력을 갖춘 주택 또는 상가 임차인 * 채무변제 후 선순위 저당권 다음의 가처분은 실질적 선순위 소멸되지 않는다.	* 경매개시결정등기 * 근저당권 * 저당권 * 저당권 * (가)압류 * 담보가등기 * 전세권(배당 요구 또는 경매신청)	* 전세권 * 지상권 * 지역권 * 가처분 * 환매등기 * 가등기 * 임차권 * 기타 대항요건을 갖춘 임차인 등
말소기준권리의 예외(인수되는 권리)		
등기부상의 권리	* 경매개시결정 등기 전에 청산 절차가 완료된 담보 가등기 * 지상물 철거 및 토지반환청구를 목적으로 하는 가처분	
등기부에 공시되지 않는 권리	* 예고등기(폐지), 유치권, 법정지상권, 분묘기지권, 체납관리비	

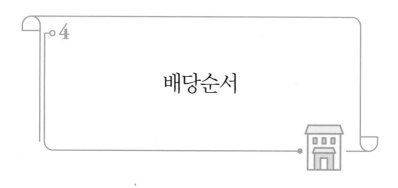

배당순서

1. 부동산 경매, 배당

경매를 통해 채무자의 부동산이 매각되면, 매각 대금으로 채무를 변제하게 된다. 채권자에게 매각 대금을 분배하는 과정을 배당이라고 하며, 이때 배당받는 순위가 존재한다.

2. 배당 순위를 공부하는 이유

낙찰자가 인수해야 하는 권리가 있는지 파악하기 위해 권리분석을 하게 된다.

배당 순위를 알아야 하는 이유는 인수하는 금액이 있는지 없는지 확인할 수 있기 때문이다.

▎배당 순위

	집행비용
제1순위	집행비용(「민사집행법」 제53조)
제2순위	저당물의 제3 취득자가 그 부동산의 보존, 개량을 위하여 지출한 필요비, 유익비(「민법」 제367조)
제3순위	소액임차보증금채권(「주택임대차보호법」 제8조 1항, 「상가건물임대차보호법」 제14조 1항, 「국세기본법」 제35조 11항4호, 「지방세법」 제31조 2항4호), 최종 3개월분 임금과 최종 3년간의 퇴직금 및 재해보상금(「근로기준법」 제37조 2항, 「국세기본법」 제35조 1항5호, 「지방세법」 제31조 2항5호. 단, 최종 3년간의 퇴직금은 1997.12.24. 개정된 「근로기준법 부칙」 제2조에 의하여 개정, 「근로기준법」의 시행 전에 퇴직한 근로자의 경우에는 특칙이 있음을 주의) 이들 채권이 서로 경합하는 경우에는 동등한 순위의 채권으로 보아 배당
제4순위	집행의 목적물에 대하여 부과된 국세, 지방세와 가산금(「국세기본법」 제35조 1항3호, 「지방세법」 제31조 2항3호)
제5순위	국세 및 지방세의 법정기일 전에 설정 등기된 저당권, 전세권에 의하여 담보되는 채권(「국세기본법」 제35조 1항3호, 「지방세법」 31조 2항3호), 확정일자를 갖춘 주택 또는 상가건물의 임차보증금반환채권(「주택임대차보호법」 제3조 2항, 「상가건물임대차보호법」 제5조 2항), 임차권 등기된 주택 또는 상가건물의 임차보증금반환채권은 저당권부 채권과 같은 성질의 채권으로 취급한다. 다만, 임차등기가 된 경우 그 등기 전에 대항요건과 확정일자를 모두 갖춘 경우에는 등기된 때가 아니라 위 요건을 모두 갖춘 때의 순위가 인정 된다.
제6순위	「근로기준법」 제37조 2항의 임금 등을 제외한 임금, 기타 근로관계로 인한 채권(「근로기준법」 제37조 1항)
제7순위	국세, 지방세 및 이에 관한 체납처분비, 가산금 등의 징수금(「국세기본법」 제35조, 「지방세법」 제31조)
제8순위	국세 및 지방세의 다음 순위로 징수하는 공과금 중 산업재해보상보험료, 국민건강보험료, 국민연금보험료, 고용보험료, 의료보험료, 국민의료보험료(단, 납부기한과 관련하여 예외규정 있음, 다음 중 3순위 부분 참조) 등
제9순위	일반채권(일반 채권자의 채권과 재산형, 과태료 및 「국유재산법」상의 사용료, 대부료, 변상금채권)

배당표(참고자료)

법원이 배당 준비를 하기 위해서 배당에 대한 내용을 작성한 문서

5

감정평가서의 감정가를 맹신하지 말자

　대표적으로 경매에 실패하는 것은 감정평가서의 감정가를 맹신해서 입찰하는 경우이다. 경매 물건에 대해 현장 조사, 매물 시세를 직접 파악하지 않고 법원 감정평가서상의 감정가를 입찰가 기준으로 산정하는 게 문제다.

　첫 번째, 감정한 시점과 해당 부동산이 매물로 나온 시점이 차이가 나는 데서 발생한다. 예를 들어 부동산 경기가 호황일 때는 감정한 시점의 가격보다 입찰 시점의 시세가 높을 때이다. 부동산 경기가 불황일 때에는 그 반대의 결과가 나타난다. 감정 시점이 경매개시일 5~6개월 전일 가능성이 높고, 부동산 가격이 급등하는 시기에는 감정 시점보다 가격이 몇천에서 몇억 차이가 날 수 있기 때문에 실거래가를 확인하거나 중개업소에서 직접 확인하는 게 가장 이상적이다.

두 번째, 감정평가를 할 때 감정평가사의 주관이 개입될 소지가 많기 때문이다. 예를 들어 감정평가사가 채무자를 동정하여 실거래가가 아닌 호가를 감정가에 반영한다면 감정가는 시세보다 훨씬 높을 것이고, 반대로 감정평가사가 해당 매물에 대한 감정 기준을 엄격하게 적용한다면 감정가가 시세보다 훨씬 낮게 책정될 수도 있을 것이다. 한 번의 실수로 입찰보증금을 날리지 말고 철저하게 조사하는 게 성공의 열쇠이다. 모든 책임은 낙찰자의 몫이므로 이 점을 기억해야 한다.

6

수익률 계산 및
수익구조를 살펴보자

각각의 수익률 계산 및 수익구조를 살펴보자. (경락잔금 대출은 물건마다 LTV가 상이하며 보통 70~80% 정도가 기준이다. 조정지역, 투기과열지구, 투기지구, 1주택자, 다주택자, 기존 대출 등의 이유로 한도가 더 낮게 나올 수도 있고, 아예 대출이 안될 수도 있다.)

1. 주택: 매각차익+월 수익(월세인 경우)

– 투자금=낙찰가−잔금대출−보증금

– 연 월세 수익(세금 제외)=월세×12개월−대출이자

– 시세(매각)차익(세금 제외)=(산 가격−판 가격)/소요 기간(년)

 → (매각) 수익률=[(시세차익)/투자금]×100

→ (월세) 수익률=[(연 수익)/투자금]×100

→ (매각 월세) 수익률=[(연 수익+시세차익)]/투자금×100

(대출이자, 세금, 제반 비용 등 제외)

2. 상가: 매각차익+월 수익(월세인 경우)

- 투자금=낙찰가-잔금대출-보증금

- 연 월세 수익(세금 제외)=월세×12개월-대출이자

- 시세(매각)차익(세금 제외)=[산 가격-판 가격]/소요 기
  간(년)

  → (매각) 수익률=[(시세차익)/투자금]×100

  → (월세) 수익률=[(연수익)/투자금]×100

  → (매각 월세) 수익률=[(연 수익+시세차익)]/투자금×100

(대출이자, 세금, 제반 비용 등 제외)

3. 토지: 매각차익

- 투자금=낙찰가-잔금대출

- 시세(매각)차익(세금 제외)=[산 가격-판 가격]/소요 기
  간(년)

  → (매각) 수익률=[(시세차익)/투자금]×100

(대출이자, 세금, 제반 비용 등 제외)

7 정확한 부동산 시세 파악을 위한 사이트

입찰가를 결정할 때 제일 많이 하는 실수가 해당 물건의 시세 파악을 제대로 못 하는 경우이다. 해당 물건은 층마다, 평형마다, 연식마다 가격이 틀리고 해당 매물이 없는 경우 시세 파악이 어려울 수 있다. 정확한 시세 파악을 위해 다음의 사이트를 참조해보자.

1. 국토교통부 실거래가 공개시스템
(http://rt.molit.go.kr/)

– 실거래 조회 서비스, 지역별, 금액별, 면적별, 통화 조회를 할 수 있다.

2. 한국부동산원(https://www.reb.or.kr/reb/)

– 부동산 조사, 관리 & 공시, 통계 전문 기관이다.

– 전국지가변동률, 공동주택 실거래가격 지수, 부동산거래현황, 공시가격 등 다양한 통계조사가 있기 때문에 통계분석이나 시세를 파악하는 데 유용하다.

3. KB 시세(https://kbland.kr/)

- KB국민은행에서 만든 부동산 플랫폼으로 매물, 시세,
실거래, 분양, 세금, 빌라 시세 등을 확인할 수 있다.

4. 호갱노노(https://hogangnono.com/)

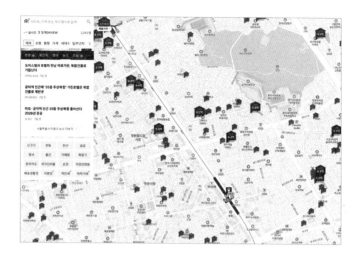

- 국토교통부 아파트 실거래가 조회가 가장 쉬운 부동산
  앱으로, 실시간 인기 아파트, 매물, 가격변동, 거래량,
  인구이동, 3D 일조량, 학원가, 분양 등 다양한 정보를
  접할 수 있다.

5. 네이버 매물(https://new.land.naver.com/)

- 해당 매물에 네이버 광고 매물(매매/전세/월세) 광고를
  확인해보자.
- 호가 매물인지 허위 매물인지 파악해야 한다.

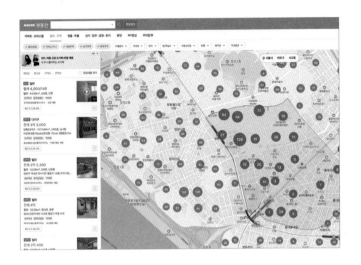

6. 공인중개사사무소 방문 및 전화 문의

– 직접 방문해서 매매/전세/월세 시세를 문의해 보자.

– 광고를 보고 전화상 해당 매물이나 인근 지역 시세를

물어보자.

8

부동산경매 현장 조사는 필수!
임장 방법

부동산경매는 일반매매보다 현장 조사에 더 자세히 발품을 팔아야 안전하며, 수익률을 극대화할 수 있다. 정보가 많을수록 쉽게 명도할 수 있고 수익률 또한 올라간다. 상대방 정보 없이 전쟁에 나갈 수 있을까? 전쟁 나가기 전에 상대방 정보를 정확히 알고 잘못된 정보를 가려낼 수 있어야 승리한다. 부동산경매도 동일하다. 시작했으면 손품, 발품 파는 건 기본이고 도사리는 장애물을 피하고 방어하려면 조사만큼 중요한 게 없다. 다음의 내용과 함께 현장 공부를 해보자.

1. 현장 조사 필수 준비물

전투에 나가려면 체력을 기르고, 정보를 습득하며, 총과 총알 등 무기를 준비해야 한다. 현장 조사도 필수 준비물을 챙겨 전투에 임하는 마음가짐으로 현장으로 나가보자.

경매 정보지, 매각명세서, 현장 조사서, 핸드폰 카메라, 나침반 앱 등을 준비하면 된다. 요즘은 스마트폰 하나만 준비해도 모든 걸 해결할 수 있는 시대다. 시세 확인, 물건의 하자, 관리사무실 확인 내용 등 다양하게 활용할 수 있으니 참고하기를 바란다.

2. 경매 정보지 한 장이면 끝

유료 경매 정보지 한 장이면 모든 정보를 알 수 있고 선순위임차인, 유치권, 지분경매, 법정지상권, 등기부등본상의 내용을 확인할 수 있다. 하지만 경매 정보지는 법정으로 잘못된 정보가 기재되어 있을 수 있으니 참고하고 직접 등기부등본, 건축물대장, 현장 조사서, 매각 물건 명세 등 하나하나 조사하는 게 바람직하다.

3. 주민센터 전입세대 열람하기

경매 정보지에 임차인 내역과 선순위임차인, 후순위임차

인을 전입세대 열람으로 확인할 수 있다. 유료 경매 정보지가 잘못되어 있다면 어떻게 할까? 안전한 투자를 위해 이해관계인이 아니면 경매 물건 전입세대 열람이 안 되지만 경매 정보지를 인쇄하여 주민센터 담당자에게 제출하면 해당 물건지의 전입세대 열람을 할 수 있다. 이를 통해서 꼼꼼히 전입 날짜를 확인한 후 입찰하면 된다. 다만 경매 정보지를 다 믿지는 말자.

4. 현장 조사하러 임장 가기

현장 조사를 할 때는 편안한 운동복, 운동화를 착용하는 게 좋다. 현장 조사는 몇 분만 조사하는 게 아니라 몇 시간이 걸릴 수 있다. 지역분석, 입지 분석, 개별 분석 등 여러 곳을 확인해야 하므로 경매 정보지, 스마트폰 등을 챙겨서 임장해야 한다. 단, 관리사무실이나 공인중개사사무소 방문 시에는 운동복이 아닌 깔끔한 옷차림으로 가야 서로 정중히 질문이 오갈 수 있다.

- 입지 체크리스트
- 주변에 장례식장, 소각장, 유흥시설이 존재하는가?
- 주변에 공원, 문화시설이 존재하는가?

- 주변에 마트, 백화점, 주민센터가 존재하는가?

- 주변에 지하철, 버스 등 대중교통을 이용하기 편리한가?

- 주변에 교육환경인 학교, 대학교, 학원 등이 존재하는 가? 등

5. 경매 물건 자세히 파악하기

현장 조사를 나가면 지역 조사 후 해당 경매지에 방문하게 된다. 해당 물건을 직접 봐야 점유자가 있는지 없는지, 계량기가 돌아가는지 멈췄는지, 도시가스가 열렸는지 차단당했는지 등 여러 가지 정보를 파악할 수 있다. 또한 관리사무실에 해당 호수 체납 관리비를 확인하고 무슨 이유로 관리비 납부를 안 하고 있는지 확인할 수 있다. 해당 호수 옆세대 윗세대 등 다른 세대에게 문의하거나 직접 해당 호수를 찾아가 점유자를 만나보는 것도 좋은 방법이 될 수 있다. 무엇보다도 많은 정보가 낙찰 확률이 높아지고 수익률도 높아지는 방법이다.

- 경매 물건 상태 확인 체크리스트

- 내부를 볼 수 있으면 도색, 균열, 누수, 방수, 노후화 상태는 어떤가?

- 체납 관리비는 어느 정도 되는가?
- 주차장 상태는 어떤가?
- 엘리베이터는 있는가?
- 우편함에 우편물이 관리되고 있는가?
- 지역난방인가, 개별난방인가, 중앙난방인가?
- 건물의 경사도, 방향, 채광, 동 간 거리는 어떻게 되어 있는가?

6. 인근 공인중개사사무소 방문하기

현장 인근 공인중개사사무소를 방문하면 해당 물건지의 스토리를 알 수 있다. 부동산사무소에서는 이미 경매 진행하는 내용을 알고 있는 경우가 있기 때문에 솔직하게 부동산 대표에게 현재 상황이나 시세 등을 물어보는 게 좋다.

인근 매매 시세, 전세 시세, 월세 시세, 평형대, 수요층 연령 등 인근 부동산사무소가 정보를 제일 많이 가지고 있을 것이다.

7. 입찰 분석 종합해서 입찰하기

조사에 손품, 발품을 팔았다면, 이제 입찰을 위해 정보들을 종합해서 판단하면 된다. 그만큼 조사를 잘했다면 입찰에도 자신감이 생길 것이다. 하지만 뭔가 찜찜하고 부족하다면 입찰하는데 망설일 수밖에 없다. 노력하는 사람만이 기회를 얻을 수 있다. 여러분도 스스로 터득하고 자기만의 노하우를 쌓기 바란다. 하다 보면 익숙해지니 꾸준히 공부하길….

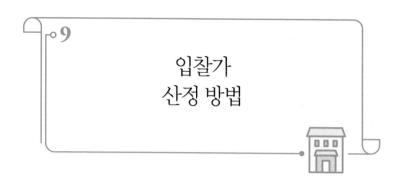

9

입찰가
산정 방법

*투자수익=매도 가격-투입 비용

제반 비용 1: 법무사 등기 비용

낙찰 후 소유권이전등기를 하려면 법무사가 필요하다. 법무사에게 의뢰하면 비용이 드는 건 당연하고, 비용은 법무사마다 다르므로 여러 곳에 견적 의뢰를 하는 게 가장 좋다. 혹은 대출 없이 잔금 납부 후 셀프등기를 하면 된다.

제반 비용 2: 금융 거래 비용

잔금 납부를 대출을 이용하는 경우가 있을 수 있다. 대출을 이용하게 되면 이자를 부담해야 하며 대출 중도 상환 시

중도상환수수료가 발생한다. 이는 대출 기간에 따라 다르고, 면제되는 경우도 있다. 명도 후 바로 전세 임대를 줄 예정이라면 중도상환수수료 면제를 선택하는 게 가장 좋은 방법이다.

제반 비용 3: 명도비용

낙찰 후 점유자를 내보내기 위해서는 명도비가 필요하다. 점유자가 끝까지 명도 협의에 비협조적인 경우 대출이자를 매달 납부해야 하므로 명도비를 잘 조율해서 최대한 빨리 내보낸 후 임대, 매매로 전환하는 게 손해가 적다.

감정적으로 끝까지 강제집행을 하겠다고 하면 시간과 비용적인 손해가 더 발생하는 경우도 있으니 상황을 정확히 판단하고 움직이는 게 바람직하다.

제반 비용 4: 체납관리비

체납관리비는 점유자가 관리비 미납 후 이사 가거나 아니면 계속 미납한 상태에서 점유하는 경우가 있다. 입찰자는 해당 관리사무실에 문의하면 자세히 알 수 있다. 하지만 비협조적인 관리사무실도 있다. 체납관리비 중 공용부분만 낙찰자가 부담하면 되므로 잘 파악해서 입찰해야 한다.

제반 비용 5: 수리 비용

주택 경매 같은 경우 내부상태를 보기 어렵기 때문에 수리 비용을 판단하는 것은 어렵다. 가끔 경매 정보지에 내부 사진을 확인할 수 있도록 업데이트된 경우도 있지만 대부분 내부 사진이 없기 때문에 가늠이 어렵다. 하지만 건물 연식이나 현장 조사를 통해 내부를 볼 수 있는 경우가 있으므로 참고하기 바란다. 직접 인테리어 업체 비교 견적을 해서 수리 비용을 확인하는 게 가장 좋다.

기본적으로 도배, 장판, 페인트, 형광등, 화장실 수리, 싱크대 교체, 보일러 교체 등의 수리 비용이 추가로 나올 수 있다. 꾸준한 입찰로 자기만의 입찰 노하우를 만들기 바란다. 다른 입찰자가 왜 이 정도 금액으로 낙찰받았는지 꾸준히 분석하다 보면 한 단계 한 단계 낙찰 확률이 높아질 수 있을 것이다.

10

꾸준한 모의
낙찰가 맞추기

종잣돈이 없어도 관심 물건을 체크하고 얼마에 낙찰이 되는지 모의 낙찰가를 예상해보면 그만큼 공부가 된다. 경매 사이트에 자신이 관심 있는 지역, 관심 물건을 즐겨찾기 해보자. 그리고 스스로 낙찰가 예상 금액을 작성 후 경매 기일에 낙찰가와 경쟁률이 어느 정도 되는지 모니터링 해보자.

주식 투자자처럼 하루 종일 차트를 볼 필요 없이 한 번만 시세 조사, 현장 조사, 권리분석, 특수물건, 하자 관련 조사를 하고 모의 입찰가를 작성하고 즐겨찾기 하면 경매 기일에 얼마에 낙찰이 되었는지 확인만 하면 된다.

1등인 최고가 매수인이 왜 1등 입찰가를 썼는지 그리고 이 물건이 그렇게 가치가 있는지 지역분석, 개별조사, 대출 한도, 부동산시장을 생각하면서 최고가 매수인의 생각을 추측할 수도 있다.

주식도 당연히 꾸준한 공부가 필요하며 시장 상황 파악을 잘못하면 손해를 보게 된다. 부동산경매는 제일 안전하게 매입할 수 있는 방법이므로 꾸준히 모의 입찰가를 작성 후 경매 기일에 낙찰가만 확인하면 된다. 이렇게 꾸준히 하다 보면 기본적인 물건은 예상 낙찰가를 분석하고 비슷하게 맞출 수 있다. 패찰을 많이 하는 분이라면 이 방법이 최고의 연습 방법이다.

투자자는 낙찰이 목적이 아니라 수익률에 집중해야 한다.

- 낙찰가 분석을 위한 최소한의 내용

- 해당 물건의 정확한 시세 파악이 제일 중요하다.
- 비용 확인: 명도비, 인테리어 비용 등 추가 비용이 얼마나 드는지 확인하자.
- 본인 스스로 생각하는 수익률, 단기 차익, 중장기 차익, 월세 수익률을 확인하고 입찰하자.
- 본 건 인근에 낙찰된 물건의 낙찰가율, 경쟁자를 파악해보자.

- 경매사이트 해당 물건 조회 수를 확인해보면 관심도를 추측할 수 있다.
- 해당 물건 지역의 개발 호재나 공급, 수요 지역을 분석해보자.
- 물건의 하자가 어떤 상태인지 확인해보자(초보는 특수 물건은 일단 신경 쓰지 말자).

이 정도만 숙지해도 낙찰 확률을 높일 수 있으니 연습해 보자. 어렵지 않을 것이다.

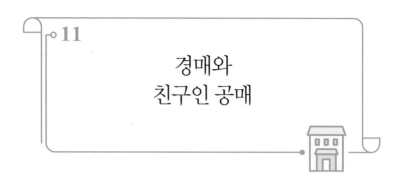

11

경매와
친구인 공매

1. 공매

공매는 「국제징수법」 및 「형사소송법」에 의해 압류된 재산을 국가기관이 강제권을 가지고 매매하는 것이다. 세금을 내지 않아 국가기관에 압류된 부동산 또는 공기업이 가지고 있는 부동산 등을 법원의 경매처럼 공개적으로 파는 것을 공매라고 한다.

2. 공매의 절차

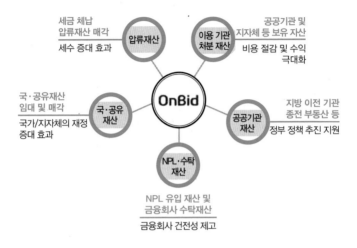

3. 공매의 장단점

- 공매의 장점

1) 잔금 납부 할부 가능

잔금 완납 전까지 다른 사람에게 매도할 수 있으며 잔금은 할부로 납부가 가능하다. 경매는 한 번에 완납해야 하지만 공매는 할부로 낼 수 있다는 게 다른 점이다. (단, 공매 유입 재산의 종류에 따라 차이가 있을 수 있으니 입찰 전 확인이 필요하다.)

2) 법원에 가지 않고 온라인으로 입찰 가능

경매는 기일입찰제도라 법원에 직접 가거나 대리인이 법원에 가서 입찰할 수 있다. 하지만 공매는 온라인으로 공인인증서 인증만 하면 입찰이 가능하기 때문에 직장인들에게는 안성맞춤이다.

3) 공신력이 높음

캠코에서 처분하는 부동산이기 때문에 공신력이 높으며 유입재산, 수탁재산인 경우 명도책임은 대부분 캠코에서 부담하는 조건이다(일부 매수자가 명도책임을 지는 경우도 있음).

- 공매의 단점

1) 공매의 최대 단점 '명도'

경매는 '인도명령' 제도가 있지만 공매는 '인도명령' 제도가 없어 명도하는 데 어려움이 있다. 경매는 잔금 납부 후 6개월 이내 인도명령 신청 제도가 있어서 점유자에게 심리적 압박을 줄 수 있지만 공매는 점유자와 협의가 안 되면 '명도소송'을 해야 하기 때문에 시간적으로나 비용적으로 더 소요될 수 있다.

2) 선택할 수 있는 폭이 좁음

공매 대상 물건이 압류물권과 국유재산 등이 주가 되기 때문에 경매에 비해 물건들이 적다.

3) 권리분석 어려움

경매는 사설 사이트가 있기 때문에 권리분석이 쉽게 한 눈에 파악되지만 공매는 사설 사이트가 없어 권리분석을 별도로 공적 서류를 통해 확인해야 한다. 이를테면 가등기, 가처분, 지상권 등을 등기부등본을 통해 열람해서 더 자세히 권리분석을 하고 입찰해야 한다.

4. 경매와 공매 비교

구분	경매	공매
적용법	민사집행법	국세징수법
집행기관	법원	한국자산관리공사(캠코)
입찰 장소	법원경매법정	온비드(인터넷)
매각 방법	입찰	입찰 또는 수의계약
대금 납부	일시불	분할납부 가능(최장 5년)
가격 인하율	20%	10%
사전점유	사전점유 불가능	사전점유 가능
계약자 명의변경	명의변경 불가능	명의변경 가능

명도책임	낙찰자	낙찰자 또는 한국자산관리공사(캠코)
토지거래허가	면제	허가 필요(예외 3회 이상 유찰 시 면제)
농지취득자격증명	증명 필요	증명 필요
소유권취득	경매낙찰금액 완납 후 소유권 취득	매매대금의 일부만 납부해도 가능

5. 온비드 활용 방법

온비드는 온라인 공매의 줄임말로, 한국자산관리공사(이하 캠코)에서 진행하는 인터넷 공매 사이트로 활용하는 방법은 다음과 같다.

– 온비드 홈페이지 이용하기(https://www.onbid.co.kr)

온비드에 가입하기 위해서는 공인인증서가 필요하다. 이 인증서는 단순 금융거래 용도로 제한된 인증서가 아니라, 온비드 전용 인증서나 범용 공인인증서를 발급받은 후 가입해야 한다.

– 모바일 APP '스마트 온비드' 활용하기

온비드 앱을 설치하여 활용하면 스마트폰으로 편리하게 입찰할 수 있다. 스마트폰으로 언제든 이동하면서 물건 검색, 입찰 날짜, 입찰 참여 등 편리하게 진행할 수 있기 때문에 직장인들에게 유용하다.

Chapter 3.

3분으로 가능한
권리분석

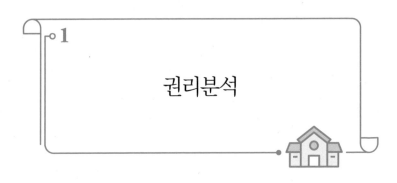

1

권리분석

부동산 관련해서는 많은 권리가 있다(물권과 채권, 소유권과 제한물권, 제한물권 중에서도 용익물권과 담보물권, 용익물권은 지상권, 지역권, 전세권, 담보물권은 유치권, 저당권 등). 입찰자가 매입하고자 하는 부동산에 어떤 권리들이 설정되어 있는지 사전에 조사하고, 원하는 물건을 부동산 경매로 낙찰받을 경우 별다른 문제 없이 소유권을 온전하게 취득할 수 있는지 분석하는 것이 권리분석이다.

실제로 낙찰되어 경락대금을 모두 납부한다고 해도 소유권을 취득할 수 없게 되는 권리가 있을 수도 있고, 추가로 더 많은 돈을 지급해야만 소유권을 취득할 수 있는 상황도 발생할 수 있다.

만약 그런 내용들을 사전에 예측할 수 있다면 경매에 입찰하지 않거나, 입찰 후에도 다른 대안을 생각할 수 있을 것이다. 하지만 만약 그런 내용들을 모르고 있다면 생각도 하기 싫은 상황이 발생할 수도 있다. 그래서 권리분석은 매우 중요하며, 권리분석을 통해 이 물건이 법적으로 안전한지 여부를 반드시 따져 봐야 한다.

권리분석의 종류는 다음과 같다.

- 등기사항전부증명서(등기부등본) 권리분석: 말소기준 권리에 관한 내용
- 임차인 권리분석: 해당 물건에 임차인이 살고 있는 경우 임차인과 관련된 내용(매각물건명세서)
- 배당금 분석: 낙찰받으면 배당금이 어떻게 배당되는지에 대한 내용

부동산경매 권리분석은 경매를 통해 부동산을 나의 것으로 만드는 데 걸림돌이 되는 권리들이 있는지 확인하는 것으로 권리분석을 잘해야 안전한 물건을 찾을 수 있고, 자산을 늘릴 수 있다.

1. 권리 분석 첫 단계 - 말소기준권리

'말소기준권리'란 말 그대로 등기부상 인수와 소멸의 말소기준이 되는 권리이다. 말소기준 이전에 등재된 권리는 인수하고, 이후에 등재된 권리는 모두 소멸된다. 부동산 등기부등본에서 말소기준권리를 찾아 혹시 등기부상 인수되는 권리가 있는지 확인해야 한다.

말소기준이 될 수 있는 권리는 다음과 같다.

- 근저당
- (가)압류
- 담보가등기
- 경매 기입등기
- 전세권(경매 신청하거나 배당 요구한 경우)

이 외에도 선순위전세권이 말소기준권리가 될 수 있다. 건물 철거를 위한 가처분은 등기부상 인수되는 권리이다.

2. 권리분석 두 번째 단계 - 점유자 확인

해당 부동산을 점유하고 있는 사람이 누구인지 확인하는 것이 중요하다. 점유자가 소유자라면 문제가 없지만, 임차인이 점유자라면 자신이 인수해서 책임져야 하는 임차인인지, 말소기준권리 이후에 등재된 임차인이어서 소멸하는 것인지 확인해야 한다.

만약 말소기준권리 이전에 등재된 임차인이라면 대항력을 갖고 있는 선순위임차인이다. 이때는 그 임차인의 보증금을 낙찰자가 모두 인수해야 한다. 대항력을 갖춘 임차인이지만 보증금이 낙찰 금액 안에서 전액 배당되는지, 인수되는 보증금이 있다면 얼마인지 꼭 분석해야 한다.

3. 권리분석 세 번째 단계 - 숨은 권리 찾기

혹시 숨은 권리가 있는지 확인하는 것이 중요하다. 숨은 권리는 대부분 현장에 답이 있다. 또한 법원 서류를 꼼꼼히 확인해야 한다. 유치권, 법정지상권, 분묘기지권 등은 등기가 되지 않기 때문에 등기부등본에 없다. 이 권리들은 법적 요건만 갖추면 발생하는 권리들이다.

- 유치권: 어떤 부동산을 건축, 리모델링 등의 공사를 했는데 소유자가 공사대금을 지급하지 않는 경우, 그 부동산을 점유하고 유치권을 주장할 수 있다.
- 법정지상권: 동일인 소유였던 토지와 건물이 경매로

인해 소유권이 분리될 때 건물 소유자를 위해 발생하는 권리이다. 법정지상권은 계약이나 등기를 통해 성립되는 것이 아니라 법적인 요건만 갖추면 등기하지 않아도 인정된다.

- 분묘기지권: 타인의 묘지에 분묘를 설치, 소유하기 위해 타인의 소유 토지를 사용하는 지상권의 일종으로 관습에 의해 인정되는 권리이다.

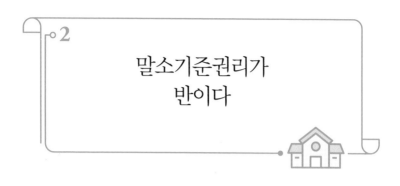

2

말소기준권리가 반이다

　부동산경매에서는 매각으로 소멸하거나 매각 후에도 소멸하지 않아 낙찰자에게 인수되는 권리를 나누는 기준이 있다. 이 기준을 '말소기준권리'라고 한다. 말소기준권리 이전의 권리는 낙찰자에게 인수된다. 당연히 이후의 권리는 전부 소멸되어 낙찰자가 부담하지 않게 된다.

　매각을 통해 모든 권리가 소멸하는 물건을 '안전한 물건'이라 하고, 소멸하지 않고 낙찰자가 인수하는 권리가 있는 물건은 '권리상 위험한 물건'이라고 한다.

　말소기준권리가 될 수 있는 것은 근저당권, 가압류(압류), 담보가등기, 경매기입등기, 전세권(임의경매를 신청하거나 배당 요구한 선순위전세권)이다.

- 근저당권

은행은 돈을 빌려주면서 대개 근저당권을 설정하고 채무자가 이자나 원금을 갚지 않으면 경매로 부동산을 팔아 돈을 회수할 수 있다. 금융권인 은행은 원금의 120~130%를 채권 최고액으로 설정하고 채무자에게 원금, 정상 이자, 연체이자, 경매 비용 등을 청구할 수 있다.

- 저당권

저당은 앞에서 말한 근저당과 동일하다. 차이점으로는 실제 대출 금액과 동일한 액수로 기재된다는 것이다.

- 압류

확정판결이나 기타 집행권원에 의해 강제집행을 하기 위한 보전 수단으로 가압류처럼 소송 후 경매를 실행하는 것과 달리, 소송하지 않고 바로 경매에 들어갈 수 있다.

- 가압류

채권자가 채무자를 상대로 소송을 제기해서 승소 판결을 받아도 채무자가 재산을 고의로 숨기거나 팔아버리면 채권을 회수할 수 없다. 그래서 사전에 재산을 빼돌리지 못하도록 채무자의 재산을 임시로 동결하는데 이것을 가압류라고 한다.

돈을 빌려 간 채무자가 가지고 있는 부동산이나 재산 등을 숨기거나 팔아버릴 염려가 있으면 돈을 돌려받을 채권자는 가압류를 신청할 수 있다. 가압류는 채권이므로 우선변제권이 있는 물권보다 앞서지 못한다.

- 경매기입등기

경매기입등기는 돈을 받기 위한 권리는 아니고 경매가 진행 중인 물건이나 등기부 등의 표시이다. 경매가 이미 시작된 이후에는 다른 권리들이 우선순위가 될 수 없다.

- 전세권(경매 신청하거나 배당 요구한 경우)

소유자와 임차인이 서로 계약하고 건물등기부등본에 등기하면 전세권이 성립된다. 만일 보증금을 돌려받지 못할 경우 바로 경매 진행을 신청할 수 있다. 부동산경매 시 전세권자가 배당 요구(또는 경매신청)를 했을 경우 말소기준권리가 된다.

- 담보가등기

가등기는 청구권 보존의 가등기와 담보가등기가 있는데, 담보가 되는 가등기의 경우에만 말소기준권리가 된다. 가등기도 가압류와 마찬가지로 임시적인 성격을 띤다. 본등기를 하는 데 필요한 형식적인 절차나 요건이 구비되지 않은 경우, 본등기의 순위 보전을 위해 미리 해두는 등기를 의미한다.

매각물건명세서에
모든 게 있다

매각물건명세서란 경매법원이 입찰 예정자들이 매각 물건의 정보를 볼 수 있도록 그 내용을 기록한 것이다. 매각 대상 물건의 부동산의 표시, 권리관계 및 감정평가액, 부동산의 점유자와 점유의 권리, 임대료 또는 보증금 등을 일목요연하게 정리하여 작성한 공식적 문서이다.

그 외에 최선순위(저당권 또는 가압류 등) 설정 일자, 배당요구 여부, 매각 허가로 소멸하지 않고 인수되는 권리 및 법정지상권 등이 표기된다. 경매법원은 매각물건명세서를 누구든지 볼 수 있도록 매각기일 1주일 전까지 제공하게 된다.

매각물건명세서는 경매에서 가장 중요한 문서이다. 매각물건명세서 외에 감정평가서, 현황조사서 등의 서류도 제공

하지만, 매각물건명세서를 기준으로 권리분석을 하는 것이
좋다.

매각물건명세서

사 건	2021타경 부동산임의경매		매각 물건번호	14	작성 일자	2022.10.04	담임법관 (사법보좌관)		
부동산 및 감정평가액 최저매각가격의 표시		별지기재와 같음	최선순위 설정		1995. 6. 2. 근저당		배당요구종기	2021.07.13	

부동산의 점유자와 점유의 권원, 점유할 수 있는 기간, 차임 또는 보증금에 관한 관계인의 진술 및 임차인이 있는 경우 배당요구 여부와 그 일자, 전입신고일자 또는 사업자등록신청일자와 확정일자의 유무와 그 일자

점유자의 성 명	점유부분	정보출처 구 분	점유의 권 원	임대차기간 (점유기간)	보증금	차임	전입신고일자.사업 자등록 신청일자	확정일자	배당요구여부 (배당요구일자)
				조사된 임차내역없음					

❈ 최선순위 설정일자보다 대항요건을 먼저 갖춘 주택·상가건물 임차인의 임차보증금은 매수인에게 인수되는 경우가 발생 할
수 있고, 대항력과 우선변제권이 있는 주택·상가건물 임차인이 배당요구를 하였으나 보증금 전액에 관하여 배당을 받지 아니한
경우에는 배당받지 못한 잔액이 매수인에게 인수되게 됨을 주의하시기 바랍니다.

등기된 부동산에 관한 권리 또는 가처분으로 매각으로 그 효력이 소멸되지 아니하는 것

매각에 따라 설정된 것으로 보는 지상권의 개요

비고란

주1 : 매각목적물에서 제외되는 미등기건물 등이 있을 경우에는 그 취지를 명확히 기재한다.
2 : 매각으로 소멸되는 가등기담보권, 가압류, 전세권의 등기일자가 최선순위 저당권등기일자보다 빠른 경우에는 그 등기일자를
기재한다.

1. 사건번호

2021타경○○○ 부동산 임의경매 사건이다. 이 사건번호
로 경매 물건을 분류하고 검색한다.

2. 매각 물건번호

한 개의 사건번호에 여러 개의 물건이 있는 경우, 번호를 적는 곳이다. 한 개의 물건이면 '1'로 기록한다. 위의 해당 매각 물건번호는 '14'이다. 입찰 시 여러 개의 물건이 있으면 반드시 이 번호를 적어야 한다.

3. 작성 일자

현황조사서보다 몇 개월 후에 작성되는데 이 기간에 법원 경매계에서 이해관계인에게 서류도 보내고 접수도 하여 매각물건명세서를 작성하게 된다.

4. 최선순위 설정 일자

'1995. 6. 2. 근저당'이라고 기재한 것을 볼 수 있다. 바로 말소기준권리이다. 등기부등본과 비교하여 말소기준권리가 일치하는지 확인해야 한다.

5. 배당요구 종기

점유자가 배당을 요구할 수 있는 마감 날짜를 의미한다. 배당요구 종기일 이후에 배당을 신청하면 배당받을 수 없게 된다. 만약 대항력 있는 선순위 임차인이 배당을 신청하지 않았다면 낙찰자가 그 보증금을 인수할 수 있으므로 잘 살펴봐야 한다. 더 정확하게 파악하려면 경매사건의 '문건접수 내역'을 함께 검토해야 한다.

6. 점유자의 성명, 점유 부분, 정보 출처 부분, 점유의 권원, 임대차 기간(점유 기간), 보증금, 차임, 전입신고 일자, 사업자등록 신청 일자, 확정일자, 배당 요구 여부(배당요구 일자)

법원에 신고나 접수, 확인된 내용을 기준으로 작성된 내용이다. 만약 현황조사나 권리 신고로 확인된 임차인이 있다면 말소기준 권리보다 앞서는 선순위 임차인인지 확인해야 한다. 더 확실한 것은 현장에 가서 확인하는 것이다.

7. 등기된 부동산에 관한 권리 또는 가처분 매각으로 그 효력이 소멸되지 아니하는 것

경매 절차 이후에도 소멸하지 않고 인수되는 등기 내용이 있는 경우, 기록하는 부분이다. 앞의 사진에는 비어있는 것으로 보아 등기부상 인수되는 권리는 없다는 의미로 볼 수 있지만, 유치권이나 법정지상권, 분묘기지권 등 보이지 않는 권리가 있는지 철저히 조사해야 한다.

8. 매각에 따라 설정된 것으로 보는 지상권의 개요

매각 절차로 인해 발생하는 지상권이나 법정지상권이 있는 경우에 기재한다.

9. 비고란

법정지상권이나 유치권, 분묘기지권 등 등기부상 나타나지 않은 권리 중 인수될 수도 있는 권리를 기재한다.

4

현황조사서는 집행관의
임장 보고서이다

현황조사서에는 법원에서 집행관을 보내서 해당 경매 물건에 대해 현재 상태를 조사한 내용이 담겨 있다.

1. 기본정보

기본정보 칸에는 해당 물건의 현재 상황에 대한 기본적인 정보들이 있다.

- 사건번호: 경매 사건의 이름과 같은 것으로 입찰 시나, 해당 물건 검색 시 꼭 필요한 정보
- 조사일시: 집행관이 조사한 날짜와 시간. 위의 예시는 집행관이 3번 조사를 나갔음을 알 수 있다.
- 부동산 임대차 정보: 해당 물건에 살고 있는 임대인 정보. 위 예시에서는 1명이 임대하여 살고 있음을 알 수 있다.

2. 부동산 현황 및 점유 관계 조사서

소재지, 점유 관계, 기타 사항 항목을 보면 된다. 임차인 내역과 기타 사항 항목을 자세히 보면 해결하는 데 도움이 될 것이다.

기타 사항에는 집행관이 물건 방문, 조사 시 임차인을 직접 만나 들은 내용과 주민센터에서 조사한 내용 등을 확인할 수 있다.

3. 임대차 관계 조사서

임대차계약 관계 내용에는 점유자의 정보와 점유 기간, 보증(전세)금, 차임, 전입 일자, 확정일자 등을 확인할 수 있다.

이와 같이 현황조사서에는 권리분석에 꼭 필요한 임차인과 점유자에 관한 내용이 포함된다. 현황조사서는 말 그대로 '조사서'이다. 경매가 개시되면 법원은 집행관에게 '현황조사'를 명하고, 이에 따라 집행관은 현장을 방문하여 부동산의 현황이나 점유 관계 등을 조사하게 된다.

집행관은 현황조사 결과에 개인적인 의견이나 판단을 기록할 수 없다. 점유자가 거짓말로 진술한다는 의심이 들어도 그런 짐작이나 유추는 쓸 수 없다.

만약 현황조사서에 '임차 관계 미상'이나 '주민센터 확인 안 됨'이라는 문구가 있다면 반드시 입찰자가 스스로 더 알아보아야 한다. 경매 부동산의 점유 관계에 관한 확인은 철저히 입찰자의 몫이기 때문이다. 그러므로 현황조사서도 참고 자료로만 활용하는 것이 좋다.

5

전입세대 열람을
확인하라

1. 임차인(점유자) 확인

해당하는 부동산에 임차인이 거주하고 있다면 대항력 여부를 확인하고, 배당 신청 여부도 조사해야 한다.

2. 전입 세대주가 없는 경우

해당하는 부동산에 전입 세대주가 없다면 '조사된 임차인 내역 없음'으로 표기되며 보통은 소유자가 점유하거나 공실인 경우이다.

임차 권리	전입자	점유	전입/확정/배당	보증금/차임	대항력	인수	형태
	법원기록상 임대차 관계 없음						

3. 대항력이 없는 임차인

말소기준권리보다 전입일이 뒤에 있는 경우 대항력이 없으며 낙찰자에게 대항할 권리가 없으므로 낙찰자는 보증금을 인수하지 않는다. 그러므로 보증금을 돌려받기 위해서는 법원에 배당 요구를 신청해야 한다.

	전입자	점유	전입/확정/배당	보증금/차임	예상배당액	대항력	인수	형태
임차권리	최○○	주거/전부	전입: 2019-08-13 확정: 2019-08-13	보 10,000,000 월 200,000		無	소멸	주거

4. 대항력이 있는 임차인

대항력이 있는 임차인의 경우(말소기준권리보다 전입일이 앞선 경우)로 이러한 임차인이 거주하고 있다면 낙찰자가 보증금을 인수해야 하니 주의해야 한다.

	전입자	점유	전입/확정/배당	보증금/차임	예상배당액	대항력	인수	형태
임차권리	이○○	주거	전입: 2002-09-28			有	인수	주거

5. 전세권이 등기된 임차인

배당 요구를 했는지의 여부를 확인해야 하며, 배당 요구를 하였다면 선순위전세권이라도 소멸되지만 그렇지 않은 경우라면 낙찰자가 인수해야 한다. 배당 요구가 안 되어 있는 경우라면 경매계에 누락이 되었는지 확인해야 한다.

임차권리	전입자	점유	전입/확정/배당	보증금/차임	예상배당액	대항력	인수	형태
	박ㅇㅇ 전세권	주거/전부	전입: 2019-09-30	보 156,000,000		有	인수	주거

부동산 경매 홈페이지를 통해 말소기준권리나 임차인 현황을 상세하게 확인할 수 있지만 등기부등본, 전입 세대 열람, 현장조사 등의 확인을 통해 낙찰자가 좀 더 확인해볼 필요가 있다.

일반적으로 아파트, 다세대주택 등의 경우, 임차인이 대항력이 있는지와 배당신청을 했는지의 여부를 확인하여 인수되는 권리를 확인하였다면 어느 정도 쉽게 분석할 수 있다.

Chapter 4.

부동산
종류별 장단점과
노하우

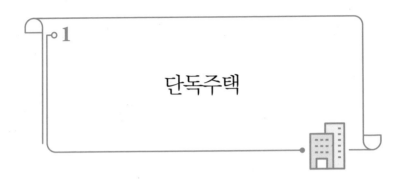

1

단독주택

한 개인이 소유한 건물에 한 세대만 사는 주택을 단독주택이라고 한다.

한 건물에 한 세대만 살기 때문에 층간소음의 걱정이 없으며, 외부의 간섭을 거의 받지 않는다. 마당이 있는 단독주택의 경우 휴식 공간으로 활용하거나 반려동물 공간으로 활용하는 등의 공간 활용이 용이하다.

또한 건물 내/외관의 변경에 대해 동의받지 않아도 되기 때문에 건폐율과 용적률 내에서 자유롭게 변경이 가능하다.

하지만 직접 관리해야 한다는 점에서 공동주택보다 주택의 유지 및 관리에 인력이나 비용이 더 소요된다. 집의 시설관리, 보안 등을 직접 해야 한다는 단점이 있다.

1. 다중주택

다중주택은 단독주택의 범주에 포함된 주택의 형태로, 연면적 660m² 이하이며, 3층 이하인 단독주택형 주거용 건축물이다. 직장인이나 학생 등 1인 가구가 장기간 거주할 수 있도록 독립된 공간을 제공하는 주택이다.

여러 호실을 포함한 다중주택 1개 동을 소유했다고 하더라도 1가구 1주택에 해당하며, 수익형 부동산에 포함되어 주로 노후에 많이 투자하는 물건이다.

욕실은 설치할 수 있지만 개별 취사 시설을 설치할 수 없으며 공간이 협소해서 생활공간을 충분히 확보해야 한다.

2. 다가구주택

한 개인이 소유한 건물에 여러 세대가 사는 주택을 말한다. 세대별로 현관문이 달라야 한다. 한 건물의 총바닥면적이 660m² 이하이고 3층 이하, 19세대 이하의 주택이다.

소유자가 한 사람이기 때문에 인테리어 시 자유롭게 변경할 수 있다. 세대수가 많고 임대 금액이 높으면 수익률이 높다.

하지만 한 건물에 여러 세대가 살기 때문에 층간소음의 우려가 있으며, 집주인이 관리 및 유지한다. 별도의 관리업체를 두지 않는다면 집주인이 직접 관리해야 하는 번거로움이 있다.

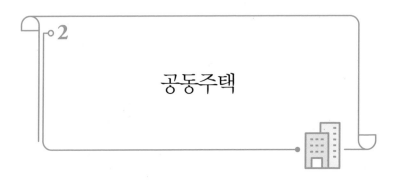

공동주택

건물의 소유주가 호수별로 한 명이며, 세대별 구분등기가 가능하다.

1. 다세대주택

1개 동의 바닥면적 합계가 660㎡ 이하이고, 층수가 4개 층 이하인 주택이다. 대지권을 많이 받을 수 있기 때문에 재개발/재건축을 염두에 두고 사는 사람들이 많은 편이다.

한 건물에 여러 세대가 살기 때문에 층간소음의 우려가 있으며, 옆 동과 거리가 가깝기 때문에 외부 간섭에 대한 스트레스가 있을 수 있다. 다세대주택은 별도의 관리 주체가 없는 경우가 많으며, 대부분 건물 내 주민 간 협의로 관리한다. 아파트와는 달리 각 동, 세대별로 구조와 넓이가 다른 경우가 많아서 각 세대의 가격을 정확히 알아보기 어렵다는 단점이 있다.

2. 연립주택

1개 동당 바닥면적의 합계가 660㎡를 초과하는 4개 층 이하의 주택을 말한다. 아파트보다 소규모 토지에 이용하여 건축비를 절감할 수 있으며, 가격보다 싸고 관리비도 저렴하다. 보안은 아파트보다 취약하며, 선호도나 환금성 또한 낮다.

3. 아파트

한 건물의 층수가 5층 이상인 공동주택을 말한다. 쓰레기 분리수거장과 주차장 또는 지하 주차장을 제공하며, 고가 아파트의 경우 다양한 커뮤니티 시설을 제공한다. 관리사무소가 존재하며, 관리비를 내고 관리를 받는다. CCTV와 경비가 있기 때문에 안전하다.

아파트 또한 층간소음의 우려가 있다. 복도식 아파트의 경우 여러 이웃을 마주하게 되고 통행에 제한받는 등의 단점이 있다.

4. 오피스텔

오피스(office)와 호텔(hotel)의 합성어로 낮에는 업무를 주로 하고 저녁에는 개별 실에 일부 숙식할 수 있는 공간을 만들어 호텔 분위기가 나도록 설계한 형태의 건축물이다.

상업용, 주거용으로 사용할 수 있다. 주거용 오피스텔의 경우 보통 풀 옵션인 경우가 많다.

CCTV와 경비실이 있기 때문에 안전하며, 주위 편의시설이 잘 되어 있으나 한 건물에 여러 세대가 산다는 특성상 층간소음의 우려가 있다.

보통 건물의 입지가 상업지구에 근접하기 때문에 저층의 경우 외부 소음도 고려해야 한다.

오피스텔의 경우 건물 관리업체가 별도로 있으며, 관리비 또한 비싼 편이다. 취득세 또한 일반 주택에 비해 4.6%로 높고 실거주보다 임대를 목적으로 매매하는 편이다.

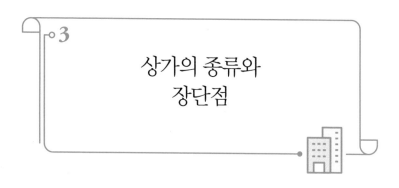

3

상가의 종류와 장단점

1. 근린상가

주거지역 인근에 입지하여 주민의 생활 편익을 제공하는 상점이 몰려 있는 곳으로 1종과 2종 그리고 일부 판매 시설이 있다.

근린상가의 상권은 주거지에 인접하고 있기 때문에 안정적인 수입이 가능하다. 그러나 수요에 비해 경쟁업종이 많으면 안정적인 수입이 어렵다. 상권의 이동이 인근 대형 마트나 백화점, 지하철 등에 따른 가치의 변동성이 있을 수 있다.

2. 단지 내 상가

단지 내 상가는 말 그대로 아파트 단지 안에 있는 상가로 근린상가와 마찬가지로 입주민의 일상생활에 필요한 업종들이 입점하게 된다. 단지 내 상가는 아파트 단지의 세대수가 많을수록 좋다.

근린상가와 마찬가지로 아파트 입주민들의 배후 수요가 있어 안정적인 수입을 기대할 수 있지만 최근 생활 패턴의 변화로 수입이 축소되고 있다.

3. 중심상가

중심상가는 지역 내 중심에 위치하여 유동 인구가 많은 곳을 말하지만, 신도시 공급으로 신도시 내 중심 상업지에 위치한 상가를 일컫기도 한다.

대체로 업종 제한이 없으며 상권 형성이 완료된 시점에는 초기 투자에 비해 많은 시세차익과 안정적인 수입을 기대할 수 있다.

하지만 전반적으로 미래가치가 포함되어 자본금이 많이 들어가며, 상권 형성이 되기까지 시간이 많이 소비되고 자칫 공실 기간이 길어지면 대출이자, 관리비가 연체될 수 있다.

4. 주상복합상가

주상복합상가는 건물, 즉 빌딩 내에 주거용 시설과 상업용 시설이 함께 있는 것을 말한다.

보통 하층부인 지하 1~2층부터 지상 2~6층까지는 근린생활시설 등의 상업 시설로 빵집, 안경원, 커피숍, 은행, 음식점, 병원 등 상층부 입주민들의 생활 편의를 위한 업종들이 들어오게 된다.

상층부인 4~6층 이상은 주거용 오피스텔이나 도시형 생활주택 등 주택의 용도로 사용한다.

지하철역을 중심으로 역세권에 위치하는 경우가 많아 기본적인 상권 형성이 이루어져 안정적인 수입이 보장된다.

대부분의 상가에 비해 상가 전용률이 낮으며 실사용 면적 대비 가격이 비쌀 수 있다. 기존의 상가와 업종이 유사할 경우 경쟁 관계로 밀릴 수 있어 업종의 제약에도 주의해야 한다.

5. 테마형 상가

테마형 상가는 쇼핑몰, 전자상가, 공구상가 등 유사한 업종들이 한곳에 모여 있는 상가이다. 우리가 흔히 알고 있는 남대문과 동대문 의류상가를 생각하면 된다. 대부분 작은

평형으로 분양하기 때문에 소액 투자가 가능하고 수익률도 높은 편이다. 상권의 형성이 빠르기 때문에 안정적인 수익도 보장할 수 있다. 반면 유사한 업종이 모이므로 초기 과열 경쟁이 될 수 있으며, 상가가 활성화되지 않으면 공실의 우려가 있고, 가시성이 낮아 매매가 어려울 수 있다.

– 근린상가: 약국, 병원, 슈퍼, 미장원, 학원 등과 같이 생활에 필수적이고, 집에서 걸어서 10분 거리 안에 위치한 상가. 아파트 단지 안에 있는 단지 내 상가도 넓은 의미에서는 근린상가에 포함된다.

- 근린상가 뒤편으로 주택가가 있어서 이 주택가에 사는 사람들을 대상으로 비교적 안정적인 월수입을 기대할 수 있음
- 근린상가 근처에 대형 백화점이나 대형 마트 또는 기업형 슈퍼마켓이 있거나 주변에 같은 업종의 상가가 많을 경우, 소비자들이 이탈하여 안정적인 월수입을 기대할 수 없음

– 단지 내 상가: 아파트 단지 안에 있는 상가. 근린상가와 마찬가지로 우리 생활에 꼭 필요한 병원, 약국, 제과점,

안경원, 학원, 체육관 등이 있다.

- 상가가 단지 안에 있어 아파트 입주민들의 수요가 뒷받침되어 근린상가보다 안정적인 월수입을 보장함

– 주상복합, 오피스텔 상가: 주로 지하철역 근처에 짓는 주상복합아파트나 오피스텔 안에 있는 상가. 건물의 지하나 지상 1~3층에 위치한다.

- 오피스텔 상가의 경우, 입주민들을 대상으로 하는 편의점이나 세탁소 같은 업종이 잘됨
- 지하철역 근처에 있다 보니 다른 상가에 비해 비싸고, 전용면적이 매우 작음

Chapter 5.

입찰부터
명도
마무리까지

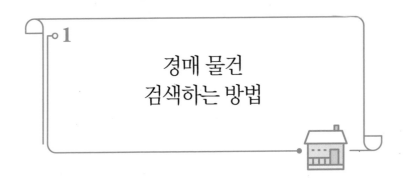

1
경매 물건
검색하는 방법

부동산 유통시장도 중개업소를 통해 매입하는 방법도 있지만 도소매 시장처럼 매입하는 구조가 있다.

급매보다 더 저렴하게 매입할 수 있는 법원 경매시장이다. 법원 경매시장은 법률 게임으로, 법률을 많이 알수록 수익률은 극대화된다. 그만큼 스트레스도 많이 받지만 수익률은 매우 좋은 편이다.

경매 물건은 하자 있는 물건도 있고 특수 물건도 있기 때문에 많은 공부와 경험이 필요하다. 물론 난이도가 낮은 매물도 있지만 그럴수록 경쟁자가 많고, 감정가 대비 100% 이상으로 낙찰받기 때문에 수익이 별로 없다.

직장인들이 월차를 내면서까지 낙찰받았다고 해도 수익

이 별로 없어 금방 포기하는 경우도 많다. 경매시장은 포화 상태여서 일반 경매 매물은 경쟁자도 많고, 금액이 작은 경매 물건은 더욱 경쟁자가 많아 수익이 아예 없다.

1~2억 이하의 경매 물건 경쟁자가 10~15명이라고 가정한다면, 9~15억 이상 경매 물건 경쟁자는 3~5명 정도이다. 금액이 클수록, 특수 물건일수록 경쟁자는 적다. 경매시장에도 틈새가 있으니 경매 공부를 일상생활처럼 한다면 많은 도움이 될 것이다.

대한민국 법원 경매정보(https://www.courtauction.go.kr/RetrieveMainInfo.laf)

대한민국 법원 경매정보 사이트는 경매 공고 페이지에 게시되고 누구나 무료로 물건을 검색해서 찾아볼 수 있다. 단, 등기, 전입세대 열람 정보가 없기 때문에 권리분석에는 한계가 있으므로 유료 경매 사이트를 이용해야 한다.

유료 경매 사이트는 비용을 지불한 만큼 많은 정보가 제공된다는 점을 숙지하기 바란다(유료 경매 사이트의 경우 정보가 많지만 경매 정보지의 잘못된 정보로 입찰에 문제가 생겨도 법적인 문제가 없음을 고지하고 있다). 다만 경매 정보지를 다 믿으면 안 된다는 점에 유의하자.

* 유료 경매 사이트

법원 경매정보의 내용을 기본으로 등기부등본, 전입세대 등의 정보가 추가로 제공되며, 무료 사이트보다 양질의 정보가 많이 있다. 이용 요금은 사이트마다 상이하다.

– 옥션원: https://www.auction1.co.kr/

– 지지옥션: www.ggi.co.kr

– 스피드옥션: http://www.speedauction.co.kr

부동산경매 관련 도서들 중에는 며칠간 유료 사이트 이용 쿠폰을 제공하기도 하고, 처음 회원 가입하면 보통 하루는 무료 이용이 가능하므로 비교해서 사용해보고 자신에게 맞는 사이트를 선택하자.

2

경매 법원에 갈 때
꼭 챙겨야 할 준비물

1. 본인인 경우

– 신분증

– 도장

– 입찰보증금

2. 대리인의 경우

– 본인의 인감증명서

– 본인의 인감도장으로 날인된 위임장

– 대리인의 신분증

– 대리인의 도장

– 입찰보증금

3. 법인인 경우

- 법인인감증명서
- 법인등기부등본
- 법인인감도장으로 날인된 위임장
- 대리인의 신분증
- 대리인의 도장
- 입찰보증금

4. 공동으로 입찰에 참여하는 경우

(부부 공동명의로 남편이 혼자 입찰하러 간다고 가정)

- 공동입찰신고서
- 공동입찰자목록
- 입찰 법정에 가는 남편(아내)의 신분증
- 입찰 법정에 가는 남편(아내)의 도장
- 아내(남편)의 인감도장으로 날인된 위임장
- 아내(남편)의 인감증명서
- 입찰보증금

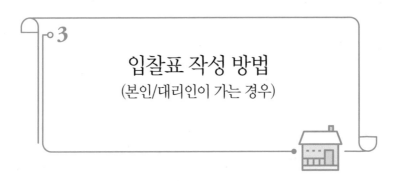

입찰표 작성 방법
(본인/대리인이 가는 경우)

1. 입찰 봉투 작성

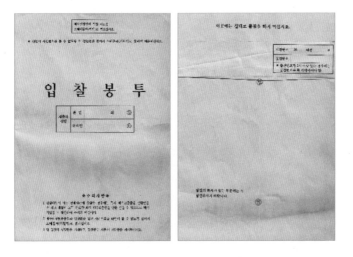

‒ 입찰 봉투 앞면: 본인 또는 대리인의 성명 및 도장을 찍는다.

‒ 입찰 봉투 뒷면:

- 사건번호: 입찰 물건 사건번호 기입

- 물건번호: 입찰 물건 물건번호 기입(물건번호 없을 시 기재 안 함)

2. 기일 입찰표 작성

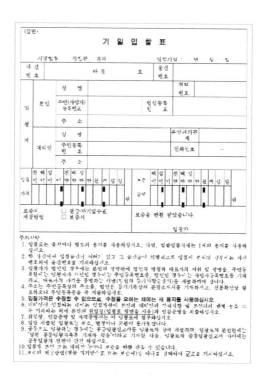

- 입찰기일: 입찰 날짜를 작성
- 사건번호 작성: 입찰을 원하는 물건의 사건번호를 기입
- 물건번호:
  - 사건은 하나이지만 경매 물건이 여러 개일 때 각각 따로 나오는 경우를 대비하여 붙이는 번호
  - 물건번호 없을 시 기재하지 않아도 됨
  예) 2021타경1234(1), 2021타경1234(2), 2021타경 1234(3) 등

- 입찰자 본인 정보 작성: 입찰자 본인 인적 사항 기입, 대리인 경우 대인인 인적 사항 같이 기입(본인/대리인 신분증 꼭 지참)
- 입찰가격 작성: 제일 중요한 부분이다. 숫자 '0'을 잘못 기입하면 입찰보증금을 몰수당할 수 있으므로 주의해서 기입한다.
- 입찰보증 금액 작성: 최저 매각 비용의 10%이며, 특별매각조건 같은 경우 입찰보증금이 20%인 경우도 있으니 확인해야 한다. (사건마다 다르므로 정보지를 참고)

3. 입찰보증금봉투 작성

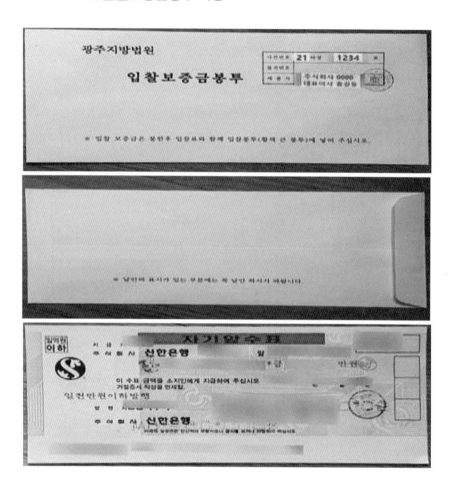

– 입찰보증금봉투 앞면

- 사건번호: 입찰 물건 사건번호 기입

- 물건번호: 입찰 물건 물건번호 기입(물건번호 없을 시 기재 안 함)
- 제출자: 제출자 성명 기입 및 도장

– 입찰보증금봉투 뒷면: (인) 표시 부분에 모두 도장을 찍는다. (법원 입찰보증금봉투 뒷면에 (인) 표시 없는 경우도 있음)

4. 법입 입찰 시 법인 등기사항전부증명서 첨부

5. 대리인 입찰 시 위임장 및 인감증명서 첨부

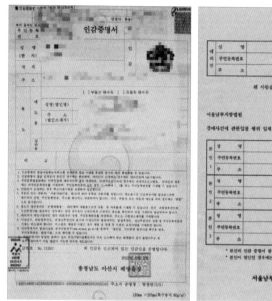
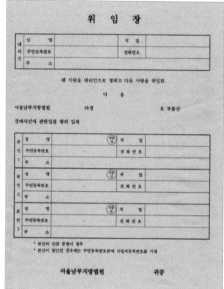

6. 부동산경매 입찰표 작성은 크게 5가지

- 본인이 직접 법원에 가는 경우

- 대리인이 가는 경우

- 법인 명의로 입찰 시 대표이사가 직접 법원에 가는 경우

- 법인 명의로 입찰 시 대표이사 외의 대리인이 법원에
  가는 경우

- 공동입찰에 참여하는 경우

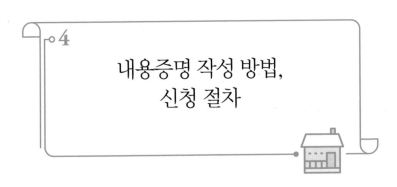

4

내용증명 작성 방법, 신청 절차

1. 내용증명

내용증명의 경우 주로 손해배상청구, 계약해지통보 등의 용도로 사용된다. 어떤 청구든 구두로 할 수 있지만 내용증명을 보내는 이유는 내용증명에 기재된 내용을 수취인에게 발송하였음을 증명하기 위한 것으로, 소멸시효 만료로 채권이 소멸하는지 여부를 결정하는 중요한 역할을 한다. 이 밖에도 채권양도에 따른 채권양도통지의 경우 등 증거를 남기기 위해 내용증명을 보내는 경우도 있다.

같은 문서 3통을 준비하여 원본을 수신인에게 등기우편으로 보내고, 발신인이 1부를 보관하며, 나머지 1부는 우체국에서 보관한다. 개인 및 상호 간 거래에서 우체국이 편지의 내용과 날짜를 증명하여 주는 것이다.

내용증명 자체가 법적인 효력이 있는 건 아니고, 사실을 증명하는 목적으로 사용한다.

2. 작성 방법

내용증명 작성 시 사실관계에 따라 객관적으로 육하원칙에 맞추어 작성한다.

상단, 하단에 보내는 사람과 받는 사람의 주소, 성명을 작성해야 하며 총 3부를 작성한다. 단, 3부는 모두 동일한 내용이어야 한다.

3. 신청 절차

내용증명을 작성했다면 우체국에 방문하거나 인터넷 우체국에서 신청할 수 있다. 양식에 맞게 작성했다면 접수 후 2~5일 이내에 도달 여부를 확인할 수 있다. 상대방 주소로 내용증명을 발송했지만, 반송될 수도 있다. 하지만 발송한 것만으로도 소송에서 의미를 가지기 때문에 낙심할 필요는 없다.

4. 작성 팁

- 사실을 증명하기 위한 내용을 담은 우편이므로 등기우편으로 발송하여 해당 기록을 남긴다.
- 발송인은 특수우편물 수령증을 제시할 경우 3년 이내에는 발송한 우체국에서 열람할 수 있고, 재차 증명을 받는 것이 가능하다.
- 내용증명을 발송하는 일에 대한 원인과 현재 상황, 피해에 대한 내용을 구체적으로 기재하는 것이 좋다.

[내용증명 양식]

5

매각허가결정 확정 및 매각대금납부 순서

1. 매각허가결정이란?

부동산의 경매 절차에서 법원이 최고가 경매인에 대해 경매 부동산의 소유권을 취득하도록 하는 집행처분을 말한다. 매각기일(경매기일)에서 최고가매수신고인이 정해지면 법원은 매각결정기일(경락기일)을 열어 매각(경락)허가결정을 내린다(「민사집행법」 제128조 1항).

최고가 매수인이 선정되면 법원에서 신분증을 확인한 후 낙찰영수증을 준다. 그때부터 이해관계인으로 경매 사건의 사건기록을 열람할 수 있으며, 낙찰을 받은 날부터 7일 이후 매각허가결정이 내려지게 된다.

법원은 최종적으로 매각허가를 하는데, 특별한 하자가

없으면 매각허가결정을 내린다. 만약 매각허가결정일로부터 7일이 지나도 경매 사건 관련 이해관계인들로부터 항고가 없으면 매각허가결정이 확정된다.

이후로는 이해관계자들도 매각 절차에 항고를 제기할 수 없다. 매각허가결정이 확정되고 법원에서 대금지급기한통지서가 발송되면 이를 수령하여 기일 안에 매각 대금을 납부하면 된다.

2. 매각허가결정의 확정

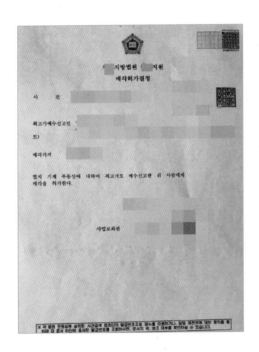

3. 대금지급기한통지서

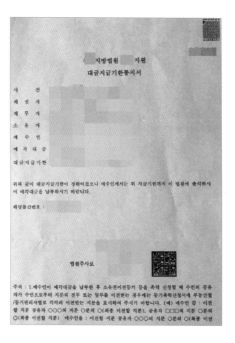

4. 매각대금(잔금) 납부 순서

1) 경매계 방문

해당 경매계에 방문하여 담당자에게 매각 대금을 납부하러 왔다고 하면 본인 신분을 확인 후 법원보관금납부명령서를 준다.

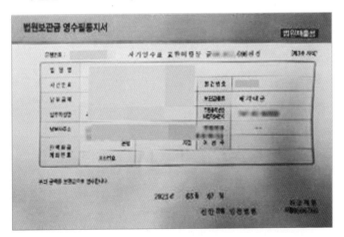

[법원보관금납부명령서]

2) 은행 - 잔금 납부

잔금 및 법원보관금납부명령서를 가지고 은행에서 신분을 확인하고 납부하면 법원보관금 영수필 통지서를 준다. 이때 수입인지(500원)를 같이 구매한다.

3) 해당 경매계 방문

해당 물건 경매계 담당자에게 법원보관금 영수필 통지서를 제출하면 매각대금 납입신청서를 준다. 신청서와 수입인지(500원)를 경매접수 창구에 제출하면 매각대금 완납증명원 및 매각허가결정 정본을 발급해준다.

[매각대금 납입신청서]

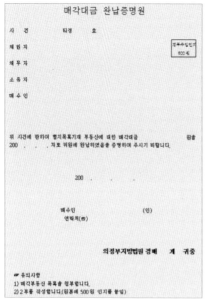

[매각대금 완납증명원]

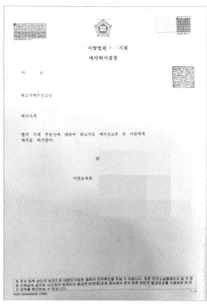

[매각허가결정 정본]

(법원마다 조금의 차이가 있을 수 있음)

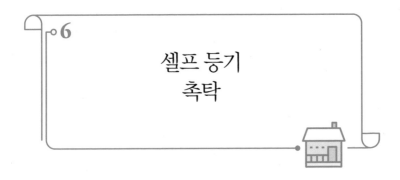

6

셀프 등기
촉탁

1. 소유권이전등기촉탁 절차와 요령

경매낙찰 후에는 소유권이전등기를 해야 한다. 정확한 용어는 소유권이전등기촉탁이다. 등기소에 직접 서류를 내는 것이 아니라 법원의 촉탁으로 등기 업무가 이루어지기 때문이다.

소유권이전 서류를 등기소에 제출하지 않고 법원에 제출하며, '단독행위'로 매도자의 서류가 없이 등기가 이루어진다는 정도만 기억하면 된다. 법원 인터넷등기소에서 서식을 다운로드하여 신청한다(매매, 증여, 상속, 판결 등 등기의 원인에 따라 신청 양식이 조금씩 다름).

절차는 최고가 매수인 선정(낙찰) → 잔금 지급 → 소유권
이전등기촉탁 순으로 이루어진다.

소유권이전등기촉탁에 필요한 서류는 다음과 같다.

– 매각대금 완납 증명원 발급(법원 경매계)

- 부동산 소유권이전등기 촉탁 신청서 1부(법원 비치)
- 부동산목록(표시) 3통
- 말소할 사항(말소할 각 등기를 특정할 수 있도록 접수 일자와 접수 번호) 3부
- 부동산등기부등본 1통
- 토지대장등본 1통
- 건축물대장등본 1통
- 주민등록등초본 1통
- 취득세 영수증(관할 시·구청 – 은행에 납부하여 취득세 영수증 첨부)
- 등록면허세 영수증: 말소(관할 시·구청 – 은행에 납부하여 등록세 영수증 첨부)
- 대법원 수입증지: 이전 15,000원, 말소 1건당 3,000원(은행)
- 국민주택채권 매입필증 – 은행에서 매입(국민주택채권 매입 기준에 따라 매입하면 됨)

  (본드 114에서 구입 가능 http://www.bond114.co.kr)
- 등기필증 우편 송부 신청서 1부[매수인이 우편에 의해 등기 필증을 송부받길 원하는 경우에 한함, 우체국 등기 우표 (2회) 구매]

  (해당 법원마다 필요 서류가 상이할 수도 있으니 참고)

위 서류를 작성하여 경매법원에 접수하면 된다. 2주 후 담당계에 찾아가 등기권리증을 받거나, 수령하고 싶은 주소로 받을 수도 있다.

1) 매각대금완납증명원

은행에서 인지(500원) 구입 후 신청서를 가지고 해당 경매계로 가면 매각대금완납증명원을 발급해준다.

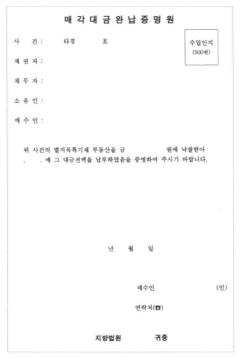

[매각대금완납증명원]

2) 부동산의 표시

부동산의 표시는 다음의 내용이 명시된다.

- 1동의 건물의 표시와 건물 내역

- 전유부분 건물의 표시

- 대지권의 목적인 토지의 표시

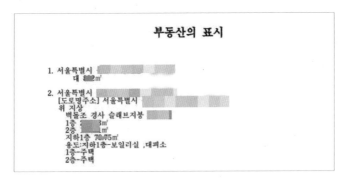

[부동산의 표시]

위와 형식으로 작성하면 된다. 흔히 경매 정보지, 등기부 등본, 대법원 경매사이트에 부동산의 표시가 첨부되어 있으므로 프린트해서 사용하면 된다.

3) 말소할 등기(말소할 사항)

말소 목록은 등기부등본에 기록된 말소할 물건들을 갑구, 을구로 구분하여 시간순으로 기록한다. 갑구, 을구 구분 없이 시간순으로 기록해도 무관하다.

말 소 할 등 기
(창원○계 2016 타경 ○○○○)

– 갑구 –
1. 순위 갑4번   2019. 01. 17.   접수 제○○○○○호   임의경매개시결정등기
2. 순위 갑5번   2020. 05. 01.   접수 제○○○○○호   가압류

– 을구 –
2. 순위 을2번   2001. 01. 11.   접수 제○○○○○호   근저당권

[말소할 등기]

4) 취득세 및 등록면허세(말소) 영수필 확인서

물건지 관할 시·구청에 방문하여 경락 관련 취득세, 등록면허세(말소)를 문의하면 도움을 받을 수 있다.

매각대금완납증명서, 부동산의 표시, 신분증 등을 확인 후 담당 직원이 고지서를 발부해준다. 이때 등기부에 말소할 물건의 개수를 파악하여 등록면허세(말소)도 같이 발부해 달라고 하면 몇 건인지 확인한다. 은행에 가서 납부한 후

영수증 원본을 등기촉탁 서류에 첨부할 수도 있으므로 잘 보관하면 된다.

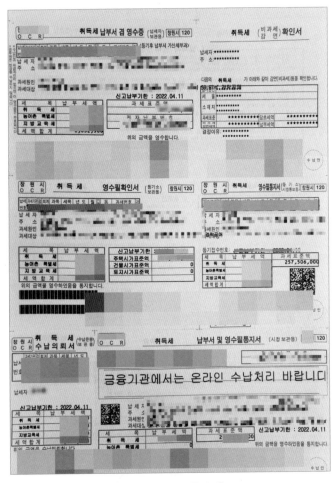

[취득세 영수필 확인서]

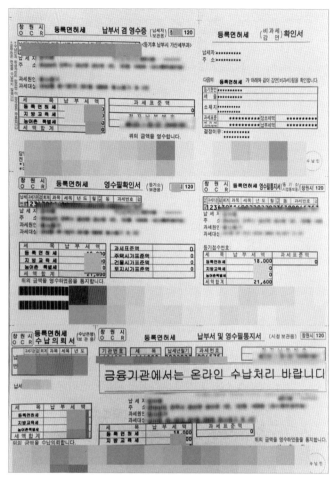

[등록면허세(말소) 영수필 확인서]

5) 국민주택채권

은행이나 등기소에서 국민주택채권 매입 관련 문의하면

잘 알려준다.

[국민주택채권 확인서]

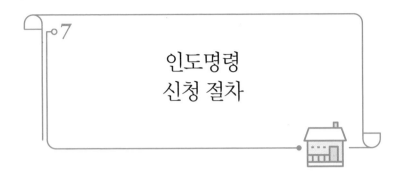

인도명령
신청 절차

부동산 인도명령은 낙찰자가 별도의 명도소송 없이 강제 집행 권원을 확보할 수 있다. 명도소송에 비해 빠르게 부동 산을 명도받을 수 있다는 장점이 있지만 인도명령을 받기 위해서는 낙찰자가 대금을 완납한 날로부터 6개월 이내에 잔금 완납 증명서를 첨부해 해당 법원에 신청해야 하며, 이 기간이 경과하면 명도소송을 통해 집행해야 한다.

낙찰 후 '인도명령' 신청을 위해 셀프로 접수하는 방법을 알아보기로 한다.

1. 인도명령 대상
- 채무자, 소유자 및 채무자, 소유자의 일반 승계인

- 대항력 없는 임차인
- 대항력 있는 임차인의 경우 배당표 원안이 작성된 후 인도명령 신청 가능

2. 인도명령 신청 방법

인도명령은 당해 경매계에 인도명령 신청서 양식(법원 비치) 2장, 매각대금완납증명서 1부(법원 발부) 및 부동산 목록(표시) 3부를 첨부하여 인지대 1,000원 및 송달료 4,800원×2~3회분으로 신청한다.

소유자 및 현황조사서 등에 기록이 명백한 점유자는 증빙서류 없이 신청 가능하다. 경매사건 기록상 점유자가 드러나지 않는 경우에는 인도명령 신청만으로 인정되지 않는다. 이때는 주민등록등초본 등 그 점유 사실과 점유개시 시기 등을 증명할 수 있는 서면을 함께 첨부한다. 또는 채무자에 대한 인도명령으로 강제집행을 실시했으나 제삼자의 점유로 집행불능이 되었다는 집행 조서 등본을 첨부해야 한다.

3. 인도명령의 재판

인도명령 신청이 있으면 법원은 적부 여부를 판단해 인

도명령을 발휘하며 채무자-소유자 외의 점유자에 대해서는 심문하거나 변론을 열 수 있다. 물론 매수인에게 대항할 수 없는 권원에 의한 점유가 명백할 시에는 심문 없이 인도명령 신청이 가능하다.

부동산인도명령신청서

사건번호
신청인(매수인)
　　　　시　　　　구　　　　동　　　　번지

피 신청인(임차인)
　　　　시　　　　구　　　　동　　　　번지

위 사건에 관하여 매수인은 　년　　월　　일에 잔대금을 완납한 후 채무자(소유자,부동산점유자)에게 부동산의 인도를 청구하였습니다 채무자는 현재 신청인에게 대항력이 없는 자임에도 불구하고 해당 부동산을 점유, 인도를 불응하고 있으므로, 귀원 소속 집행관으로 하여금 위 부동산에 대한 점유를 풀고 이를 매수인에게 인도하도록 하는 명령을 해주실 바랍니다

　　　　　　　　　년　　　월　　　일

　　　　　매수인 :
　　　　　연락처 :

[부동산인도명령신청서]

부동산 인도명령은 대금납부 후 6개월 안에 해야 하며 6개월이 경과하면 신청권을 포기하는 것이 되므로 참고하여야 한다. 6개월 경과 시 명도소송으로 진행해야 하기 때문에 일 처리가 복잡해지게 된다.

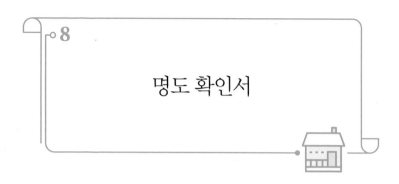

8

명도 확인서

1. 명도란?

명도는 건물, 토지, 선박 따위를 남에게 주거나 맡기는 일을 말한다. 명도 확인서의 작성 방법과 양식을 확인하기 전에 먼저 정확히 어떤 문서인지 알고 있어야 한다. 명도 확인서는 임차인이 배당금을 수령하기 위해 매수인에게 임차 부동산을 명도하였다는 사실을 입증하기 위한 것이다. 명도 후에도 매수인(낙찰자)이나 임차인에게 각각 불리한 주장이나 요구를 할 수 없도록 하는 꼭 필요한 서류이다.

2. 명도 확인서 작성 방법

명도 확인서를 작성할 때 반드시 포함되어야 하는 항목

은 다음과 같다.

- 사건번호
- 성명
- 주소 및 내용
- 매수인 연락처
- 인감도장 날인(매수인)

위의 항목을 정확히 작성한 후 인감증명서 1통을 첨부, 인감도장 날인 후 임차인에게 전달하면 된다.

명도 확인서에 주소를 기록할 때는 경매기록에 기재된 주소를 적어야 하며 주민등록상의 주소여야 한다. 그리고 낙찰받은 부동산이 명도되는 시점에 명도 확인서를 건네주면 된다.

명 도 확 인 서

사건번호 :

이　　름 :

주　　소 :

　위 사건에서 위 임차인은 임차보증금에 따른 배당금을 받기 위해 매수인에게 목적부동산을 명도하였음을 확인합니다.

첨부서류 : 매수인 명도확인용 인감증명서　　　　　　　　　　　1통

　　　　　　　　　　　　　　　　년　　　월　　　일

　　　　　　　　　　　　　　　　매수인　　　　　　　(인)

　　　　　　　　　　　　　　　연락처(☎)

　　　　　　　　지방법원　　　　귀중

[명도 확인서 양식]

같이 공부해보기 #1
(남부○○계 2014타경 XXXXX)

| 사건 내용

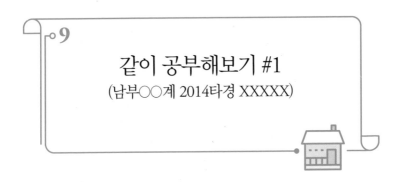

소 재 지	서울 강서구 화곡동 ▓▓▓▓▓▓▓▓ (07725)서울 강서구 ▓▓▓▓				
경매구분	임의경매	채 권 자	굴00000		
용 도	다세대	채무/소유자	최00	매 각 기 일	15.03.10 (137,899,000원)
감 정 가	**211,000,000** (14.05.13)	청 구 액	122,012,547	종 국 결 과	15.05.21 배당종결
최 저 가	**108,032,000** (51%)	토 지 면 적	28.2㎡ (8.5평)	경매개시일	14.05.07
입찰보증금	10,803,200 (10%)	건 물 면 적	48㎡ (14.6평)	배당종기일	14.07.25
조 회 수	·금일조회 1 (0) ·금회차공고후조회 153 (22) ·누적조회 397 (41)			()는 5분이상 열람 조회통계	

196

사건번호 남부○○계 2014타경 XXXXX 다세대 임의 경매 물건이다. 채무자/소유자 동일 인물이며, 매각기일은 15. 03. 10이다. 감정가는 211,000,000원, 낙찰가는 137,899,000원이다.

보통 감정평가서는 6개월~1년 전 감정한 것이므로 현시세와 차이가 있다. 청구액은 122,012,547원, 경매개시일은 14. 05. 07이다. 이 경우 입찰보증금은 최저가의 10%인 10,803,200원을 준비하면 된다. 배당 종기일은 14. 07. 25로 배당을 요구할 수 있는 마감 날짜를 의미한다.

따라서 채권자들은 이날까지 배당 요구를 해야 배당받을 권리가 생긴다. 「민사집행법」에 의하면 법원이 정한 배당 요구의 종기일까지만 배당 요구를 할 수 있도록 규정하고 있다.

해당 물건 경매 정보지를 참고하여 직접 현장에 가서 지역, 위치, 세대수, 엘리베이터, 주차대수 등을 확인해야 한다. 현장에 답이 있듯 해당 호수와 문패 호수가 다를 수 있기 때문에 직접 눈으로 확인하는 게 중요하다.

소재지/감정요약	물건번호/면적(m²)	감정가/최저가/과정	임차조사	등기권리
(07725) 서울 강서구 화곡동	물건번호: 단독물건 대지 28.2/172 (8.54평) ₩73,850,000 건물 · 건물 48.3 (14.62평) ₩137,150,000 방3,공용:6.81 · 총5층 · 승인 : 2002-10-22 · 보존 : 2002-10-31	감정가 **211,000,000** · 대지 73,850,000 (35%) (평당 8,647,541) · 건물 137,150,000 (65%) 최저가 **108,032,000** (51%)	**법원임차조사** 공OO 전입 2009-08-07 주거 부부: 전OO 전입 2009-08-07 확정 2009-08-07 배당 2014-06-10 (보) 25,000,000 (월) 400,000 주거/전부 점유기간 2009.08.06-	소유권 최OO 2009-07-10 전소유자: 근저당 굴수하식수협 지소 2009-07-10 156,000,000
감정평가서요약 · 철콘조철콘지붕 · 북쪽비둘기공원,동쪽화일 초등학교,남쪽기존주택 지,서쪽백굴어린이공원이 각각자리잡고있음 · 주위중산층거주하는다세 대및다가구주택지대 · 차량진입및주차용이 · 큰길까지도보10분경도소 요 · 교통사정보통 · 난방설비 · 삼각형토지 · 도시지역 · 2종일반주거지역 (7층이하) · 공항시설보호지구 (수평표면:해발57.86m미 만) · 가축사육제한구역 (지역경제과확인요망) · 대공방어협조구역 (위탁고도:77-257m) · 과밀억제권역 · 학교환경위생정화구역 (강서교육청여반드시확인 요망) · 수평표면구역 (수평표면) 2014-05-13 감정		**경매진행과정** ① 211,000,000 2014-11-12 유찰 ② 20%↓ 168,800,000 2014-12-17 유찰 ③ 20%↓ 135,040,000 2015-01-27 유찰 ④ 20%↓ 108,032,000 2015-03-10 매각	*폐문부재로 안내문을 남겨두 고 왔으나 아무연락이 없어 점 유관계 미상이나 전입세대열 람내역서상 소유자세대 아닌 세대주 공병욱의 주민등록등 본이 발급되므로 임대차관계 조사서에 공병욱을 일응 임차 인으로 등재함. 2층-4층은 각 2구구씩이나 5층은 1가구였 음	임 의 굴수하식수협 지소 2014-05-07 *청구액:122,012,547원 채권총액 156,000,000원 열람일자 : 2014-12-02 등기(집합)
			매수인 성OO	
			응찰수 5명	
			매각가 137,899,000 (65.35%)	
			2위 122,100,000 (57.87%)	
			3위 119,900,000 (56.82%)	
			허가 2015-03-17 납기 2015-04-24 납부 2015-04-10 2015-05-21 종결	**지지옥션 전입세대조사** 09.08.07 공OO 주민센터확인:2014-10-29

위의 사진을 보면 소재지/감정요약, 물건번호/면적(m²), 감정가/최저가/과정, 임차 조사, 등기권리 등의 내용이 자세히 설명되어 있다.

감정가 211,000,000원을 시작으로 3회 유찰되어 경쟁자 5명, 매각가는 137,899,000원이다.

임차 조사 및 현장조사서에 대항력이 없다고 기록되어 있으며, 낙찰자는 임차인의 보증금을 인수하지 않고, 원활하게 명도할 수 있는 물건이다. (전입세대 열람 내역서상 소유자 세대가 아닌 세대주 공○○의 주민등록등본이 발급되므로 임대차 관계 조사서에 공○○을 임차인으로 등재)

등기권리에는 소유자, 근저당권자, 임의경매 기입 등기가 표시되어 있지만 근저당권인 굴수하식수협 2009. 07. 10 말소기준등기로 후순위 권리는 모두 말소되어 낙찰자에게는 문제없는 물건이라 할 수 있다.

근저당권 설정일: 2009. 07. 10 말소기준권리

임차인 전입일: 2009. 08. 07 대항력 無, 소멸주의

말소기준권리인 근저당권이 임차인 전입일보다 앞서므로 낙찰자에게 대항력이 없다.

| 예상배당표 [매각가 137,899,000으로 분석]

· 등기권리

종류	권리자	등기일자	채권액	예상배당액	인수	비고
소유권	최OO	2009-07-10			말소	
근저당권	굴수하식수협	2009-07-10	156,000,000	114,867,522	말소	말소기준등기
임 의	굴수하식수협	2014-05-07			말소	경매기입등기

· 임차권리

전입자	점유	전입/확정/배당	보증금/차임	예상배당액	대항력	인수	형태
전OO	주거/전부	전입 : 2009-08-07 확정 : 2009-08-07 배당 : 2014-06-10	보 25,000,000 월 400,000	20,000,000	無	소멸	주거
공OO	주거/	전입 : 2009-08-07					주거

부동산등기를 보면 소유자 최○○는 2009. 07. 10에 소유권을 취득했으며, 근저당권자인 굴수하식수협에서 2009. 07. 10에 근저당권을 설정하였다. 전○○, 공○○는 둘 다 전입일이 2009. 08. 07이므로 말소기준권리보다 후순위여서 낙찰자에게 대항력이 없다.

저당권 설정일: 2008.08.21~2010.07.25

대상 지역: 수도권 중 과밀억제권역

소액보증금 적용 범위: 6,000만 원 이하

최우선 변제금: 2,000만 원 이하

설명: 굴수하식수협 근저당권 등기 일자는 2009. 07. 10이

므로 최우선 변제금 표를 보면 2008. 08. 21~2010. 07. 25에 해당된다.

대상 지역인 서울시 강서구 화곡동은 '수도권 중 과밀억제권역' 포함이라 전○○의 보증금 25,000,000원이 저당권 설정일 2008. 08. 21~2010. 07. 25, 수도권 중 과밀억제권역의 소액보증금 적용 범위(60,000,000원) 이하에 속한다. 그러므로 전○○의 보증금 25,000,000원 중 최우선 변제금 20,000,000원만 배당받고 나머지 5,000,000원은 일부 배당받지 못할 수도 있다.

현 매물 조사

위치: 화곡역 도보 10분 거리 예상

구조: 3룸

전용 평수: 14.6평

층수: 총 5층 중 5층

경찰서, 재래시장, 초중고, 각종 상권, 마곡지구(개발 호재) 인접

매매: 1억 5천5백만 원

전세: 1억 3천만 원

월세: 1000/50

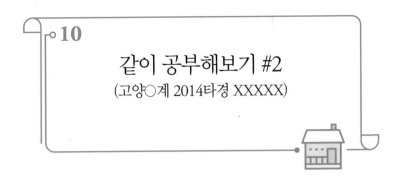

같이 공부해보기 #2
(고양○계 2014타경 XXXXX)

| 사건 내용

소 재 지	경기 고양시 일산서구 주엽동				
경매구분	임의경매	채 권 자	신OOO		
용 도	아파트	채무/소유자	윤OOOO / 윤OO	매 각 기 일	14.11.26 (518,689,999원)
감 정 가	550,000,000 (14.06.02)	청 구 액	237,154,795	종 국 결 과	15.01.08 배당종결
최 저 가	385,000,000 (70%)	토 지 면 적	73.3㎡ (22.2평)	경매개시일	14.05.22
입찰보증금	38,500,000 (10%)	건 물 면 적	132㎡ (39.8평) [47평형]	배당종기일	14.08.18
조 회 수	·금일조회 1 (0) ·금회차공고후조회 161 (33) ·누적조회 268 (45)			0는 5분이상 열람	조회통계

사건번호 고양○계 2014타경 XXXX 아파트 임의경매 물건이다. 채무자/소유자 동일 인물이며, 매각기일은 15. 03. 10이다. 감정가는 550,000,000원, 낙찰가는 518,689,999원이다.

보통 감정평가서는 6개월~1년 전 감정한 것이므로 현시세와 차이가 있다. 청구액은 237,154,795원, 경매개시일은 14. 05. 22이다. 이 경우 입찰보증금은 최저가의 10%인 38,500,000원을 준비하면 된다. 배당 종기일은 14. 08. 18로 배당을 요구할 수 있는 마감 날짜를 의미한다.

따라서 채권자들은 이날까지 배당 요구를 해야 배당받을 권리가 생긴다. 「민사집행법」에 의하면 법원이 정한 배당 요구의 종기일까지만 배당 요구를 할 수 있도록 규정하고 있다.

해당 물건 경매 정보지를 참고하여 직접 현장에 가서 지역, 위치, 세대수, 엘리베이터, 주차대수 등을 확인해야 한다. 현장에 답이 있듯 해당 호수와 문패 호수가 다를 수 있기 때문에 직접 눈으로 확인하는 게 중요하다.

소재지/감정요약	물건번호/면적(m²)	감정가/최저가/과정	임차조사	등기권리
(10375) 경기 고양시 일산서구 주엽 동 ▨▨ **감정평가서요약** - 문화초등학교북서측인근 위치 - 주위대단위아파트단지,주 택,공원,학교및근린생활 시설등소재 - 차량출입가능 - 인근버스(정)소재 - 난방설비 - 부정형등고평탄지 - 외곽으로도로소재 - 대로3류(폭20-25m),중 로1류(폭20-25m)접함 - 3종일반주거지역 - 지구단위계획구역 - 과밀억제권역 - 상대정화구역 - 절대정화구역 2014-06-02 ▨▨▨감정	물건번호: 단독물건 대지 73.2/38679.1 (22.16평) ₩165,000,000 건물 · 건물 131.5 (39.77평) ₩385,000,000 공용:52.469 - 총23층 - 승인 : 1994-07-29 - 보존 : 1994-09-27	감정가 **550,000,000** · 대지 165,000,000 (30%) (평당 7,445,848) · 건물 385,000,000 (70%) 최저가 **385,000,000** (70%) **경매진행과정** ① 550,000,000 2014-10-22 유찰 ② 30%↓ 385,000,000 2014-11-26 매각 매수인 김OO 응찰수 13명 매각가 518,689,999 (94.31%) 2위 513,750,000 (93.41%) 3위 501,100,000 (91.11%) 허가 2014-12-03 납기 2015-01-07 납부 2014-12-15 2015-01-08 종결	**법원임차조사** 이OO 전입 2007-10-08 확정 2007-10-05 배당 2014-05-26 (보) 250,000,000 주거/전부 점유기간 2007.10.5.- 남편:▨▨▨ *임차인 이진섭 및 그 가족이 전부 점유.사용하고 있음.임차 인으로 조사한 이진섭은 주민 등록등재자임 **지지옥션 전입세대조사** 전입세대없음 주민센터확인:2014-10-07	소유권 윤OO 1994-11-23 근저당 ▨▨은행 1996-08-05 60,000,000 근저당 ▨▨은행 1998-10-08 44,000,000 근저당 ▨▨은행 2000-08-26 34,000,000 근저당 ▨▨은행 2006-04-24 102,000,000 근저당 ▨▨은행 2008-07-08 120,000,000 압 류 국민건강보험공단 ▨지사 2013-11-19 압 류 고양시▨▨▨ 2014-01-17 가압류 ▨카드 2014-01-21 16,506,550 2014 카단▨ 서울중앙 (66) 가압류 ▨카드 2014-03-03 6,713,104 2014 카단▨ ▨▨의정부 고 양 (66) 임 의 ▨▨은행 2014-05-22 *청구액:237,154,795원 **채권총액 383,219,654원** 열람일자 : 2014-06-17 등기(집합)

위의 사진을 보면 소지재/감정요약, 물건번호/면적(m²),

감정가/최저가/과정, 임차 조사, 등기권리 등이 자세히 설명되어 있다.

감정가 550,000,000원으로 시작해서 1회 유찰되어 응찰 수 13명으로 매각가는 518,689,999원이다.

임차 조사 및 현장조사서에 대항력이 없는 이○○이 점유자로 기록되어 있다. 낙찰자는 임차인의 보증금을 인수 없이 원활하게 명도할 수 있는 물건이다. (임차인 이○○ 및 그 가족이 전부 점유, 사용하고 있으며 임차인으로 조사한 이○○은 주민등록등재자)

등기권리에는 소유자, 근저당권자, 압류, 가압류, 임의경매 기입 등기 등이 표시되었지만 근저당권인 신한은행 1996. 08. 05 말소기준등기로 후순위 권리는 다 말소되어 낙찰자에게는 문제없는 물건이다.

근저당권 신한은행: 1996. 08. 05 말소기준권리

임차인 전입일: 2007. 10. 08 대항력 無, 소멸주의

말소기준권리인 근저당권이 임차인 전입일보다 앞서므로 낙찰자에게 대항력이 없다.

예상배당표 [매각가 518,689,999으로 분석]

· 등기권리

종류	권리자	등기일자	채권액	예상배당액	인수	비고
소유권	윤OO	1994-11-23			말소	
근저당권	▓▓은행	1996-08-05	60,000,000	60,000,000	말소	말소기준등기
근저당권	▓▓은행	1998-10-08	44,000,000	44,000,000	말소	
근저당권	▓▓은행	2000-08-26	34,000,000	34,000,000	말소	
근저당권	▓▓은행	2006-04-24	102,000,000	102,000,000	말소	
근저당권	▓▓은행	2008-07-08	120,000,000	23,647,227	말소	
압 류	국민건강보험공단	2013-11-19			말소	
압 류	고양시▓▓▓	2014-01-17			말소	
가압류	▓▓카드	2014-01-21	16,506,550		말소	
가압류	▓▓카드	2014-03-03	6,713,104		말소	
임 의	▓▓은행	2014-05-22			말소	경매기입등기

· 임차권리

전입자	점유	전입/확정/배당	보증금/차임	예상배당액	대항력	인수	형태
이OO	주거/전부	전입 : 2007-10-08 확정 : 2007-10-05 배당 : 2014-05-26	보 250,000,000	250,000,000	無	소멸	주거

부동산 등기를 보면 소유자 윤○○은 1994. 11. 23에 소유권 취득을 하였으며 근저당권자인 신한은행(말소기준권리)에서 1996. 08. 05에 근저당권을 설정하였다. 이○○은 전입일이 2007. 10. 08이므로 말소기준권리보다 후순위로 낙찰자에게 대항력이 없다.

저당권 설정일: 1995. 10. 19~2001. 09. 14

대상 지역: 수도권 중 과밀억제권역

소액보증금 적용 범위: 3,000만 원 이하

최우선 변제금: 1,200만 원 이하

설명: 신한은행 근저당권 등기 일자는 1996. 08. 05이므로 최우선 변제금 표를 보면 1995. 10. 19~2001. 09. 14 기간에 해당된다. 대상 지역인 고양시 일산서구 주엽동은 '수도권 중 과밀억제권역' 포함이라 이○○의 보증금 250,000,000원이 저당권설정일 1995. 10. 19~2001. 09. 14, 수도권 중 과밀억제권역의 소액보증금 적용 범위(30,000,000원) 이하에 속하지 않아 최우선 변제로 배당받을 수는 없고, 우선 변제로 전액 보증금을 순위배당으로 다 받을 수 있다.

------------------------------- 현 매물 조사 -------------------------------

위치: 주엽역 도보 10분 거리 예상

구조: 방 4개/욕실 2개

전용 평수: 39.8평

층수: 총 23층 중 20층

경찰서, 재래시장, 초중고, 각종 상권, 기반 시설 인접

매매: 5억 7천5백만 원(2014. 08. 20 기준)

전세: 3억 4천만 원

월세: 3000/135, 2000/115

Chapter 6.

명도 이야기,
인테리어,
임대 관리

1

첫 명도, 떨리는 점유자와의 첫 대면

상대방 정보를 먼저 많이 알수록 명도는 쉬워진다. 집 안에 소유자가 거주하는지, 임차인이 거주하는지, 점유자의 성향은 어떤지 등 많은 추측을 하게 된다. 전쟁에서 정보를 많이 알아야 전략을 잘 짜서 쉽게 이길 수 있는 것처럼 상대가 어떤 생각을 하는 사람인지, 신상정보를 미리 알고 접근하는 게 좋다.

– 등기부등본상의 인적 사항과 연령대, 거주 기간 확인
– 현장 옆집, 윗집, 아랫집 확인
– 현장 관리사무실 확인
– 도시가스업체 확인

어떤 스토리가 있는지 정보 확보가 중요하다. 아무것도 모르는 상태에서 상대를 만나면 불리하기 때문에 협상에서 유리한 조건으로 가기 위한 하나의 방법이라는 걸 알아두기를 바란다.

정보를 최대한 확보한 후 해당 점유자와 만나야 한다. 처음에는 당연히 떨리기도 하고 두려울 수도 있을 것이다. 몇 번 정도 점유자를 만나고 나면 처음보다는 익숙하게 되지만 처음은 힘들 수 있다.

다음은 나의 첫 명도 상황에서 점유자와의 대면을 상황극처럼 기록한 것이다.

첫 만남을 위해 점유자가 사는 집의 벨을 눌렀다.

"딩동."

"딩동."

"딩동."

적막하게 벨 소리만 울렸다. 여러 번 벨을 눌렀지만, 아무 반응이 없어 가방에 챙겨온 A4용지와 볼펜을 꺼냈다. 위아래층을 오고 가는 계단 한구석에 앉아 정중히 점유자를 사로잡는 멘트로 글을 썼다. 점유자의 기분이 상하지 않는 멘트, 협상을 유리한 쪽으로 몰고 갈 수 있는 멘트 등을 작성해서 세대 호수 문 사이에 A4용지를 껴놓았다.

집으로 가기 위해 지하철 플랫폼에서 기다리며 생각에 잠겼다. 어떤 방법으로 명도할까? 고민하면서 핸드폰을 뒤적거리는데 모르는 번호가 내 핸드폰에 찍히며 벨이 울리기 시작했다. 대수롭지 않게 통화 버튼을 눌렀다.

나: 여보세요?

점유자: 안녕하세요?

나: 네? 누구세요?

점유자: A4용지 보고 연락드렸습니다.

나: 아! 안녕하세요. 선생님, 전 경매 낙찰자입니다. 다름이 아니라 낙찰 관련해서 잘 협의하길 원해서 메모를 남겨 놓았습니다."

점유자: 아, 네. 저희가 어떻게 해드려야 하나요?

나: 잔금 납부 전 이사 날짜를 말씀해 주시면 당일에 제가 직접 뵙고 해당 부동산을 인도받고 싶습니다."

점유자: 언제까지 비워야 하나요?"

나: 잔금 납부 후에는 낙찰자에게 권리가 생기니 그 전에 비워주시면 감사하죠."

점유자: 한 달이라는 시간은 너무 빠듯해서…. 좀 여유를

주면 안 될까요?"

나: 잔금 납부 후라도 며칠 정도는 가능한데, 최대한 맞춰 주시길 부탁드려요."

점유자: 네. 알겠습니다. 남편과 상의해 보고 정확한 이사 날짜가 정해지면 연락드릴게요."

나: 네. 그리고 내용증명이 발송될 수 있으니 이해해 주세요."

점유자: 네. 알겠습니다.

매각허가결정이 났고, 1주일 후 대금 납부 기간이 정해졌다. 한 달 안으로 잔금 납부 날짜가 정해졌다. 나는 그 전에 자금 계획을 세운 대로 잔금을 준비하고 잔금 납부 마감일까지 기다려 보기로 했다. 보름이 되도록 연락이 없어 먼저 통화 버튼을 눌렀다. 그리고 정중하게 통화했다.

나: 선생님, 안녕하세요.

점유자: 아, 네. 안녕하세요.

나: 잔금 납부일이 보름밖에 남지 않아서 전화드렸습니다. 이사 날짜가 정해지셨나요?

점유자: 미정이에요. 인근에 전셋집이 없기도 하고, 바로

입주할 수 있는 집이 없어요.

나: 그러면 좀 더 시간을 드릴 테니 일정 잡히면 연락해
주세요.

점유자: 네.

전화를 끊고 불안감이 밀려왔다. 정말 집을 구하는 건
지, 원하는 목적이 있어 돌려 말하는 건지…. 일단 이사 날
짜가 미정이니 내용증명을 보내고 상대의 반응을 살펴보
기로 했다.

시간은 계속 흘렀고 잔금 지급 날짜가 코앞까지 다가와
서 잔금을 준비해서 해당 법원으로 갔다. 시간을 지체하다
가 잔금 납부를 못 할 수도 있다는 생각에 미리 잔금 마감
전에 납부했다. 이제부터 모든 부동산의 권리가 나에게 있
다. 현 날짜로 거주하면 사용료를 청구할 수 있는 권리가 생
기기 때문이다.

또 인도명령 제출도 심리적으로 압박이 올 거라는 생각
이 들었다. 나는 오전 내내 법원 → 시·구청 → 다시 법원을
오고 가면서 잔금 납부 및 등기이전을 완료했다. 마음을 진
정하고 집으로 향하며 점유자에게 문자로 잔금 납부 및 등
기이전을 했다는 내용을 남겼다. 답장은 없었지만 힘든 업

부를 끝내고 걱정 없이 집으로 복귀했다.

며칠 후 전화가 왔다. 점유자 번호였다.

점유자: 안녕하세요.

나: 아, 네. 안녕하세요.

점유자: 다름이 아니라 전셋집을 구해서 전화 드렸어요.

나: 아, 네. 언제로 잡혔나요?

점유자: 보름 후 이사할 것 같아요.

나: 잘됐네요. 이사 때 잘 인도 부탁드려요. 이삿날 제가
    인도받으러 가겠습니다.

점유자: 그러세요. 그런데 이사를 하긴 하는데 저희가 이
    사 비용이 부족해서, 어떻게 안 될까요?

순조롭게 될 줄 알았는데 아니었다. 역시 돈이었다. 이사
비용이라도 달라는 건데, 예상했던 멘트였다. 나는 밀당이
라도 해보겠다는 마음으로 점유자에게 말했다.

나: 선생님, 잔금 납부 후 며칠 동안 점유해서 제가 사용
료를 받아야 하는 입장이에요.

점유자: 그건 그렇지만 저희는 쥐뿔도 없는데 무슨 돈이

있겠어요. 좀 부탁드려요.

나는 좋은 게 좋은 거라고 좋게 해결하기로 마음먹었다. 덕을 쌓는 마음으로 이사 비용을 조율해서 잘 마무리하기로 했다. 정해진 이사 날짜에 해당 부동산에 가서 점유자와 인사를 나누고 해당 호수 점유자의 짐들이 다 정리되는 것을 확인한 후 이사 비용을 줬다. 낙찰 후 명도까지 참 많이 공부한 느낌이 들었다. 경매의 꽃은 명도라는 속된 말처럼 명도가 제일 중요한 것 같다.

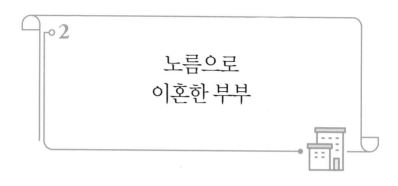

2

노름으로
이혼한 부부

코로나19 여파로 '줄어드는 일자리' 현상이 발생하고 있다. 최저임금 인상으로 고용주들은 점점 채용이 어려운 상황이 되었다. 자영업자들도 인건비 부담에 심야 시간에 무인으로 운영하는 매장을 확대해 가면서 일자리는 점점 줄어드는 그로기 상태이다.

'코로나19'라는 전대미문의 사태로 인해 경제계 전반에 큰 타격을 받은 것은 사실이다. 대기업의 경우 신규 채용을 중단하거나 대규모 구조조정을 단행하기도 했고, 중소 상인들은 줄줄이 폐업한 경우도 상당하다.

코로나19 여파로 점유자가 일자리를 잃고 도박으로 재산을 탕진한 사례를 살펴보기로 하자.

어마어마한 채무를 지고 야반도주한 30대 젊은 부부의 이야기이다. 코로나19로 인한 권고사직, 퇴사로 일자리를 잃은 부부는 하루하루 정신적, 육체적으로 힘든 상태까지 왔다. 카드 빚과 대출이자를 감당하기가 점점 버거워진 이들은 쓸모없는 옷가지, 폐가구 등을 놓고 1년 이상 집을 비우고 도주했다.

이 부부가 살던 곳은 중앙난방 시스템으로 된 아파트라 3개월 관리비를 미납하면 관리사무실에서 강제로 수도 공급을 끊어버렸기 때문에 젊은 채무자들은 야반도주하듯 이사한 것이다.

담보대출 원금에 신용대출, 카드론, 대부 채권까지 등기부등본에 설정되어 아무런 조치도 할 수 없는 상황에서 도주하게 된 것이다.

명도가 끝나고 인근 주민들이 이 모든 상황을 설명해 주었다. 이들은 일자리를 잃고 집 안에서 주식과 비트코인을 하며 살고 있었다고 한다. 주식과 비트코인에 손을 대면서 모든 걸 잃게 된 것이다. 점유자가 없어 별다른 갈등도 없었기 때문에 나한테는 다행이었지만, 씁쓸한 낙찰 경험이었다.

3

망자가 된 어르신과
상속된 부동산

추운 겨울 한파의 절정기 때쯤 입찰을 위해 일찍부터 필요한 준비물을 챙기고 지하철을 이용해 수원지방법원으로 갔다. 해당 물건은 몇 주 전부터 권리분석, 현장을 돌아다니면서 정보를 꼼꼼히 추측하면서 정확히 알아본 물건이다.

등기부등본에 의하면 80대 할아버지 명의에서 3명의 자녀에게 상속된 사건이다. 현재 명의는 자녀들 앞으로 되어 있고, 점유하고 있지 않은 상태로 자녀들은 모두 서울에 거주하고 있었다. 공동명의 중 한 명의 명의로 가압류, 압류 등이 설정되어 일괄 경매로 나온 물건이다.

낙찰자에게는 아무 상관없지만 명도를 위해서는 누가 현재 점유하고 있는지 상태를 파악하고, 협의를 위해서는 한 명의 정보라도 알아내는 게 중요하다.

나는 일찍 은행으로 가서 입찰보증금 1장을 찾고 경매법원에서 입찰서류를 작성하기 시작했다. 해당 물건은 대항력이 없고 임차인이 거주하는 곳이 아니기 때문에 일반 물건처럼 명도에 큰 어려움이 없다고 판단하고 입찰했다. 점유자와 상속인들을 만나보면 해결될 거라는 생각에 입찰 봉투에 각 서류를 넣어 입찰을 시도하였다.

입찰 마감이 끝나고 각각 당일 입찰서류 봉투가 열리면서 최고가 매수인을 부르기 시작했다. 내가 입찰한 사건번호를 부르기까지 타 사건번호 입찰 금액과 경쟁자를 적어가면서 기다렸다.

정오쯤 내가 입찰한 사건번호를 호명하면서 입찰자들을 앞으로 불렀다. 총 8명의 입찰자 중 높은 금액을 제시한 3명만 호명하였는데 나는 최고가 매수인으로 내 이름이 불리기를 빌었다. 그 마음이 전달되었는지 1등으로 이름이 불렸다.

첫 입찰과 다르게 흥분은 금방 사라지고 명도 처리 방법과 미납 관리비, 수리 등을 생각하면서 법원을 나왔다. 해당 물건으로 찾아가 몇 주 전부터 조사한 내용을 바탕으로 처리 순서를 계획하고 문 앞에 내 연락처를 남기고 왔다. 그리고 서울로 가는 지하철을 타고 해당 물건 관리실에 전화하여 미납 관리비 내역을 확인했다.

며칠 후 아무 반응이 없어 내용증명 1통을 해당 물건에 보냈다. 무응답이다. 매각결정통지가 되고 잔금일이 정해진 상태인데도 아무 답변도 없어 직접 등기부등본에 있는 3명 상속인의 주소로 찾아가기로 했다. 다행히 상속인들은 서울에 거주하고 있어서 이동 시간이 짧은 곳부터 찾아다녔다.

한 명은 은평구, 다른 한 명은 구로구, 나머지 한 명은 양천구에 거주하고 있었다. 제일 가까운 양천구로 찾아가 정중하게 벨을 눌렀다. 대낮이어서 그런지 집에 아무도 없었다. 계속 기다릴 수 없어 구로구에 사는 상속인을 만나러 갔다.

낙찰자라고 인사한 후 수원시에 있는 물건에 대해 설명했다. 구로구의 상속인은 큰아들, 은평구는 둘째 아들, 양천구는 셋째 아들이라고 한다. 이들 중 지분에 가압류, 압류가 설정된 건 은평구의 둘째 아들이었다. 둘째 아들의 사업이 잘 안되다 보니 그의 지분에 여러 설정이 되어 있어 경매에 나온 것이었다. 참 안타까운 사연이다.

사업으로 큰 채무를 얻게 된 둘째 아들은 연락 불통이며 만나본 지 오래되었다고 한다. 굳이 은평구에 사는 상속인인 둘째 아들을 만날 필요는 없었다. 첫째 아들은 내게 현재 낙찰받은 해당 물건은 아무도 점유하고 있지 않고 필요 없는 가구만 있을 뿐이라고 했다.

큰아들과 서로 소통이 잘 되고, 잘 협의해 줄 것 같아 잔금 납부 후에도 꾸준히 찾아가 명도 협의를 부탁했다. 그는 폐기물을 처리해 준다고 했고, 일정을 잡아 같이 해당 물건에서 만나기로 했다. 그렇게 명도가 잘 마무리되었고, 나는 수고비로 큰아들에게 이사 비용을 챙겨줬다. 집행할 필요 없이 좋은 감정으로 마무리되어 기분 좋게 끝난 사건이다.

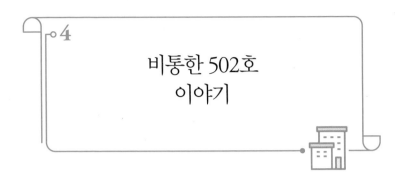

비통한 502호
이야기

한여름 태양이 쉴 틈 없이 내리쬐는 날이었다. 나는 뭔가에 이끌려 발걸음을 옮겼다.

"띵동."

"띵동."

여러 번 현관 벨을 눌렀지만 아무 반응도 없어 보였다. 인기척이라도 있으면 만나보려고 했지만 오전 중이라 그런지 허공에 벨 소리만 울렸다. 경매 정보지를 뚫어지게 보고 또 보며 등기권리상 수많은 설정이 된 이유를 추측해 본다. 평일 오전 시간이라 그런가 해서 오후나 저녁에 다시 방문할 생각이었다. 비어있는 시간에 법원으로 다시 가기 위해 차 시동을 걸고 출발했다. 법원에 도착하여 가족들의 정보를 확인해 보고자 해당 경매계 들러 사건번호를 열람했다. 경매 열람지를 한 장 한 장 넘기며 채권 채무 관련 내용을 보게 되었다.

가족 중 남편이 연대보증으로 큰 채무를 지게 된 사례였다. 누구의 부탁으로 연대보증을 선 것인지 정확히는 모르겠지만 어마어마한 빚잔치 같아 보였다. 나는 차를 타고 다시 해당 부동산 근처 식당에서 허기를 달랬다. 식당 사장님이 서울 사람이냐면서 말을 걸어왔다.

식당 사장님: 와! 멋쟁이가 따로 없네요. 롤렉스에 비싼 외제 차까지 끌고 어떻게 지방 소도시까지 오셨나요?

나: 개인 업무가 있어서 내려왔습니다.

식당 사장님: 큰일을 하시나 봐요.

나: 아닙니다. 누구 좀 만나러 왔어요.

나는 이렇게 말을 던졌지만, 명도를 위한 해당 물건지 내용을 인근 주민이 더 잘 알 수도 있다는 생각에 속 이야기를 해버렸다.

나: 7단지 APT 502호 주인분 뵈러 왔어요.

식당 사장님: 아! 제가 그분과 친분이 좀 있죠. 뭐 때문에 그러는데요? 경매 때문에 그러신 거예요?

나: 아, 아닙니다.

식당 사장님: 저도 알아요! 저도 경매해 봐서, 또 502호 사장님 저희 단골이고 제가 많은 이야기를 알고 있죠.

나: 아! 그러세요?

식당 사장님: 502호 남편분이 사업하신다고 연대보증 섰나 그래서 경매 신청되었다고 알고 있어요. 거기 가족들 정말 성실하고 정직해서 동네 주민들도 다들 좋아하고 잘살고 있던 가족인데 한순간에 저렇게 되었네요.

법원에서 본 경매 서류에서 연대보증 관련 서류를 본 게 맞는다는 확신이 들었다. 한 번 실수로 이렇게 되어 비통할 수밖에 없다는 걸 뼈저리게 느꼈다.

식당 사장님: 502호 부부는 이혼하고 아내는 아이들 데리고 떠났어요. 남편만 남았는데 낮에는 무엇을 하는지 모르겠는데 늦은 밤에 들어온답니다.

나: ….

나는 이런저런 이야기를 듣고 식당을 나섰다. 관리사무실을 방문해서 미납 관리비를 확인하고 나니 6시가 다 되었다. 밤늦게라도 502호 남편분과 만나 좋게 마무리하고 싶어서 근처 카페에서 기다렸다. 서류 정리를 하면서 3시간 동안 카페에서 기다렸지만 502호 거실에서는 불빛이 보이지 않았다.

저녁 9시가 넘어 눈을 비비며 하품함과 동시에 고개를 들었을 때 502호 거실 전등이 켜진 것을 보았다. 나는 바로 502호를 향해 전력 질주했다. 그리고 조용히 502호의 벨을 눌렀다.

"띵동띵동."

"띵동띵동."

아무 반응이 없어서 몇 분을 기다렸다. 중년 남자가 문을 살짝 열었다. 그는 40대 중반쯤 되어 보였고, 수염이 덥수룩했다. 그와 나는 경매 관련 이야기를 나누었다. 나는 그의 이야기를 계속 경청하며 좋게 마무리하고자 이사 비용이라도 더 챙겨주겠다고 했고, 이사 날짜를 정하게 되었다.

집으로 돌아오는 길, 운전하는 동안 여러 생각이 주마등처럼 스쳤다.

5

전세 보증금 일부만 배당받는 50대 점유자

이번에는 경기도 고양시 전세 보증금 일부를 날려버린 50대 어르신의 이야기이다. 1월의 강철 추위 바람이 옷깃 속으로 스며들던 날이었다. 나는 법원 경매장에서 낙찰영수증을 손에 움켜쥐고 목적지를 향해 바로 출발했다.

목적지 도착 후 차 안에서 권리분석을 다시 확인하고 등기부등본을 보며 어떤 상황인지 체크했다. 나는 해당 물건지 인근 동사무소에 가서 전입세대 열람을 발급받아 등기부등본과 전입세대 열람을 날짜 순위를 비교하며 확인하였다.

임차조사	등기권리

법원임차조사

강○○ 전입 2019-01-31
확정 2019-01-07
배당 2020-06-23
(보) 400,000,000
주거/전부
점유기간
2019.01.30-
현황조사점유:201
9.01.31-현재

*조사차 방문하였으나 거주자 등은 만나지 못하였고, 주민등록표등본에는 임차인으로 조사한 ▨▨▨▨ 세대가 등재되어 있으니 점유관계 등은 별도의 확인바람

지지옥션 전입세대조사

🈯 19.01.31 강○○
주민센터확인:2021-01-05

소유권 고○○
　　　　2019-01-30
매매 844,000,000
전소유자: ▨▨▨

근저당 ▨▨▨▨ 자산관리
대부
2019-01-30
444,000,000

질 권 웰컴저축은행
2020-05-15
444,000,000
▨▨▨▨ 자산관리
대부근저질권

임 의 ▨▨▨ 자산관리
대부
2020-06-08
*청구액:374,966,109원

압 류 고양시일산구청장
2020-11-10

가압류 ▨▨신용보증재단
▨▨▨▨
2020-12-07
20,000,000
2020 카단 ▨▨▨▨
▨▨▨ (이송)

채권총액 464,000,000원

강○○

전입 2019-01-31

확정 2019-01-07

배당 2020-06-23

(보증금) 400,000,000원

근저당

XX새마을금고

2019-01-30

(근저당) 444,000,000원

청구액: 394,966,109원

근저당 설정이 강○○의 전입일보다 더 앞선 시기이므로 말소기준권리 기준으로 전입한 임차인은 낙찰자에게 대항할 수 없으며, 낙찰 금액으로 배당받을 시 1순위 근저당, 2순위 임차인 순서로 배당받게 된다.

낙찰금이 7억 원이라고 가정하면 1순위 새마을금고는 대략 4억 원 배당, 2순위 임차인은 대략 3억 원을 배당받을 수 있다.

나머지는 임차인이 별도 청구를 해야 받을 수 있는 것이다. 강○○이 전입을 늦게 한 건지, 집주인이 잔금 및 입주일에 근저당 설정을 한 건지, 근저당설정 사실을 인지하고도 계약하고 입주한 건지 의문이었다.

다양한 사건을 접하다 보니 경우의 수가 많았다. 숨바꼭질처럼 하나하나 정보를 찾아야 한다. 정확한 정보는 현재 점유하고 있는 임차인이다. 나는 해당 물건지 벨을 눌러 인기척이 있는지 확인했다.

띵동띵동!!

인기척이 들리면서 50대로 보이는 남자가 얼굴을 내밀었다. 공손히 인사한 후 상황 설명을 했다.

나: 안녕하세요.

50대 선생님: 누구시죠?

나: 경매 낙찰자입니다. 이 사건과 관련하여 좋게 협의하려고 방문했습니다.

다행히 한 번에 점유자와 만나 편하게 소통할 수 있었다. 50대 선생님은 점잖은 태도와 말투로 집 안에서 이야기하자고 했고, 나는 조용히 내부를 눈으로 훑어보며 들어갔다. 집은 깨끗하게 사용한 것 같았고, 추후 수리 비용은 부담 없어 보였다. 그는 내게 전세금 관련 내용을 일목요연하게 설명했다.

이 사건이 일어난 후 법원, 변호사, 법무사에게 문의해서 알아본 것인지 전세금 전체를 배당받을 수 없다는 걸 이미 알고 있었다. 내가 도울 수 있는 것은 나머지 못 받는 일부 전세금을 법적으로 받을 방법을 설명하고, 이사 비용을 좀 더 챙겨 줄 수 있는 것뿐이었다. 1시간 동안 이야기를 나누며 좋은 감정으로 합의하였다. 이사 일정을 잔금 납부 후 한 달 정도를 더 달라고 요청하여 믿고 시간적 여유를 주었다.

이사할 곳을 알아봐야 하니, 기간을 넉넉하게 주고 서로 감정 상하지 않도록 양보할 것은 하고 낙찰자가 전세금 일부를 인수 못 한다는 사실을 정확히 인지시켜 준 후 이 사건은 쉽게 마무리되었다.

그는 2019년 1월 7일 전세 계약과 동시에 확정일자를 받고 2019년 1월 31일 입주와 동시에 전입신고를 했는데 추후 등기부등본엔 입주 전날 근저당이 설정되었다고 한다. 참 어이가 없었다. 부동산으로 얼마든지 사기를 칠 수 있다는 걸 몸소 체험했다.

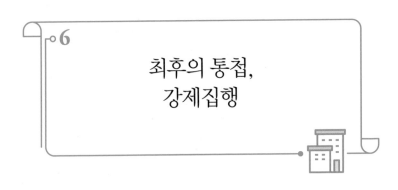

최후의 통첩,
강제집행

　말과 행동이 너무나도 다른 사람이 있다. 명도하다 보면 사람을 상대하는 것이기 때문에 이런저런 마찰이 생긴다. 그래서 항상 조심스럽게 접근한다. 명도 과정 중 잘 협의하여 인도하면 끝인데, 꼭 마무리를 안 좋게 해서 감정만 상하는 경우도 많다.

　최후는 마지막 강제집행. 하지만 서로 좋은 감정으로 이익을 위해 잘 협의하는 게 관건임에도 불구하고 이런 협상을 피하거나 고집불통인 점유자도 있다. 모든 일은 사람이 하는 것이기 때문에 잘 조율하면 되겠지만, 끝까지 잘 안돼서 강제집행을 하는 경우가 더러 있다.

　다음은 경기도에 있는 XX아파트를 입찰하여 1등 낙찰받은 사례이다.

시세: 2억 3천5백만 원

낙찰가: 1억 9천8백만 원

낙찰과 동시에 한 번에 3천7백만 원의 차익을 벌었다. 1년 연봉을 벌 방법은 부동산 경매뿐일 거다. 1년 연봉을 벌었다는 뿌듯한 마음으로 보증금 영수증을 들고 현장 물건으로 갔다.

총 6층 중 3층. 채광도 잘되고, 엘리베이터가 있으면 안성맞춤이라 낙찰을 잘 받았다고 생각했다. 경기도 지역은 월세 임대가 꾸준히 많은 지역이라 입찰한 것이었다. 명도만 마무리하면 월급 외의 월세 수익이 들어올 것이라는 생각에 너무 기뻤다.

현장 세대로 올라가 벨을 눌러보았지만 대답이 없었다. 옆 세대에서 정보를 얻기 위해 벨을 눌렀다. 문이 열리고 50대로 보이는 아주머니가 나왔다.

아주머니: 누구시죠?

나: 새로 입사한 관리사무실 직원인데요.

아주머니: 아, 그러세요.

나는 현장 세대 물건 정보를 얻기 위해 옆집 아주머니와 대화를 이어갔다.

나: 아주머니, 혹시 여기 해당 거주자 연락처 아세요? 미
　　납 관리비 몇백만 원을 그동안 납부하지 않아서요.
　　부탁 좀 드려도 될까요?"
아주머니: 그럼, 번호 알죠. 여기 사는 부부는 아마 이혼
　　한 걸로 알고 있는데, 아이는 와이프가 데리고 친정
　　간다고 소문으로 들었고 지금은 남편 혼자 거주하고
　　있을걸요.
나: 아, 그래요? 남편분은 몇 시에 오시나요?
아주머니: 그건 모르겠고, 자주 오지는 않아요. 몇 주에
　　한 번 정도 올 거예요.
나: 아⋯. 혹시 남편분 전화번호 아시나요? 미납 관리
　　비 언제쯤 납부 가능한지 통화를 해봐야 할 것 같아
　　서요.
아주머니: 010-1234-5678이에요.
나: 감사합니다.

나는 핸드폰 번호를 저장하고 1층으로 내려가 놀이터로 향했다. 운동복을 입고 온 게 아니라서 다행이라는 생각이 들었다. 항상 명도할 때는 깔끔하게 입고 다니기 때문에 옷차림의 도움을 받기도 한다. 놀이터로 가서 점유자인 남편 분에게 전화했다.

점유자: 여보세요.

나: 안녕하세요, 선생님. 해당 호수 낙찰자입니다. 통화 가능하세요?

점유자: 아 네….

나: 오늘 법원에서 해당 세대 물건을 낙찰받아서 인도 협의하려고 전화 드렸습니다.

점유자: 아, 네. 언제까지 이사 가야 하나요?

나: 잔금일 전에 이사 가 주시면 감사하죠. 대략 1개월 정도 기간이면 가능하세요?

점유자: 최대한 해보겠습니다. 그런데 제가 오늘 일찍 퇴근하는데 뵐 수 있나요?

나: 아, 네. 무엇 때문에 그러시죠?

점유자: 제가 이 분야를 잘 몰라서 어떻게 해결할지 만나서 10분 정도 이야기 나누고 싶습니다.

나: 몇 시쯤 끝나시는데요?

점유자: 6시에 마치니 6시 30분에 뵈면 어떨까요?

나: 네. 알겠습니다.

2시간 정도 시간이 남아서 동네 부동산을 돌면서 시세를 탐문하였다.

매매: 2억 3천5백만 원

전세: 2억 원

월세: 1000/70

낙찰은 1억 9천8백만 원이므로 바로 매각할지, 월세로 수익을 볼지 계속 고민하였다. 그리고 명도 후 내부 상태를 보고 생각해 보기로 했다.

약속 시간인 6시 30분이 되었는데 아무도 없었다. 그때 전화벨이 울렸다.

점유자: 다 왔습니다. 어디 계시죠?

나는 손을 들었다. 그리고 정중히 인사했다. 점유자는 밖이 추우니 집으로 들어오라고 했다. 집 내부가 어떤 상태인지 볼 수 있어서 내게는 좋은 기회였다.

그런데 큰방에만 침대, TV, 화장대가 있고 거실, 주방, 작은방에는 짐이 하나도 없었다.

점유자는 지금 이 집 진행 상황이 어떤지를 물었고, 최종적으로 어떻게 되는지 등을 물어보았다. 나는 하나하나 자세히 설명했다. 그리고 최종적으로 '강제집행'이라고, 점유자에게 안 좋은 상황임을 각인시켜 주었다. 그는 회사 기숙사 완공이 한 달 보름 정도 걸린다면서 기간을 더 달라고 부탁했다. 나는 잔금 납부 후 소유권이전을 했다.

– 선생님 안녕하세요. 낙찰자입니다. 잘 계신지요.

저번에 말씀드린 이사 날짜 조율이 정해졌는지 문의드립니다.

한 달 보름이 다 되어 가는데 소식이 없어서 문자 드립니다. 감사합니다.

– 안녕하세요. 죄송합니다. 이사 날짜가 더 지연될 것 같네요.

기숙사 완공일이 늦어져서 그러는데 이사 날짜를 보름만 더 연기해 주시면 안 될까요? 양해 부탁드립니다.

느낌이 이상했다. 예상했던 대로 거짓말을 하는 것 같다는 생각이 들었다. 상대방이 원하는 게 무엇일까? 이사 비용일까? 나는 처음부터 이사 비용 이야기를 먼저 꺼내지 않았다. 협상에서 상대방이 먼저 이야기하고 얼마를 생각하는지 먼저 제시해야 협의하고 진행하는 스타일이라 조용히 생각했다.

그 후 점유자는 문자로 이사 비용을 요구했다. 내부에 짐이 별로 없는 상황이라 이사 비용이 적게 들 것 같다는 생각이 머리를 스쳤다. 문자로 이사 비용을 제시해 보라고 했더니 6백만 원을 요구했다.

비에 젖은 나무에 불 피워달라는 소리인가, 하면서 멍해졌다. 그렇게는 안 된다고 하면서 몇십만 원을 제시했다. 점유자는 뒤늦게 경매 컨설팅업체에 자문을 얻은 건가? 전과 다르게 이사 비용에 집착하고, 조율이 안 되니까 연락을 차단한 것이다. 정말 어이가 없었다.

전화번호까지 차단하고 계속 이 핑계 저 핑계를 대는 게 보이는데 넘어가다니, 정말 바보 같았다. 어쩔 수 없지만 눈에는 눈, 이에는 이다. 최후통첩인 강제집행을 하고 다시 협의해 올 것 같다는 생각이 들었다. 그러나 강제집행 신청을 해도 깜깜무소식이었고 몇 월 며칠 집행하니 증인들과 동행하라는 집행관의 전화가 왔다. 하지만 점유자는 전화까지 차단하고 문자 한 통도 없었다.

뒤처리가 많고 할 일도 많아서 시간 낭비인 게 강제집행인데 왜 점유자는 청개구리처럼 협의를 안 하는지 안타까웠다. 나는 집행 일자에 맞춰 증인들과 함께 오전 일찍 해당 물건지 주변에서 기다렸다. 집행관은 이삿짐센터, 열쇠공 등 몇 분을 동원해서 현관 도어록 파손 후 안으로 들어갔다. 나도 집행관과 같이 들어가서 주위를 둘러보았는데, 짐이 하나도 없었다.

처음 점유자와 해당 물건 안에서 이야기를 나누었을 때 있던 짐이 지금은 하나도 없는 것이었다. 집행관은 집 안에 동산 물건이 있는지 다시 꼼꼼히 살펴보더니 현 시간부터 집행 완료한다는 말과 함께 몇 가지 서류에 서명받고 철수했다. 이렇게 쉽게 끝날 걸 왜 마지막 마지막까지 배려를 무시하고 기분만 상하게 한 건지 도무지 모르겠다.

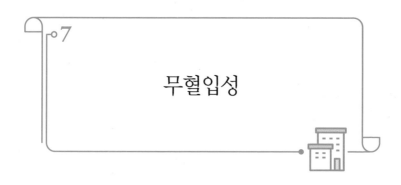

무혈입성

휴가철인 8월 초, 햇빛은 쨍쨍하고 땀이 등을 타고 내려오는 날이었다. 관심 있게 눈여겨본 물건을 경매 정보지에서 찾았다. 30분째 경매 정보지를 노려보면서 서류 조사를 하고, 바로 현장 조사를 갔다. 해당 물건 주위를 탐정처럼 조사하고 정보를 얻는데 발품을 팔며 낙찰가부터 명도까지 머릿속으로 해결 방법을 단번에 판단하고 입찰을 준비했다.

입찰 당일, 예상했던 금액으로 낙찰받고 현장 물건을 빠르게 인도받고 임대할 생각으로 인테리어 비용 견적을 미리 받았다. 입찰 전부터 꾸준히 관심을 가지고 1회 유찰에 입찰할 생각으로 많은 정보를 알고 있기 때문에 명도는 쉽게 끝날 것으로 예상했다.

경매 정보지 서류를 조사하고 현장 조사를 하던 날이었다. 그날은 채무자 정보를 쉽게 알 수 있었다. 해당 물건 현장 조사할 때 옆 세대 아주머니께서 중요한 단서를 알려주셨다.

나: 안녕하세요. 1102호 낙찰자인데요.

옆 세대: 무슨 일이죠? 경매 진행 호수 말씀하시는 건가요?

나: 네. 지금 1102호 낙찰받아 채무자를 만나고 싶어 방문했는데 안 계셔서요.

옆 세대: 1102호는 혼자 사시는 할머니인데 몇 달 전 실버타운에 가셨어요.

나: 아, 그럼 1102호는 지금 공실인가요?

옆 세대: 네. 지난주 목요일쯤 오후에 마트 갔다 오는 길에 아드님께서 1102호 할머니 짐을 옮기고 있었어요.

나: 아….

옆 세대: 할머니께서 연세가 많으셔서 실버타운으로 모시고 간다고 했으니까 1102호는 지금 비어 있을 텐데요.

나: 그럼, 혹시 1102호 할머니 전화번호나 아드님 연락할

수 있는 번호 아실까요?

옆 세대: 1102호 할머니와 친분도 있고, 같이 노인정 다니는 사이여서 있긴 있죠.

나: 혹시 번호 좀 알려주시면 안 될까요? 잘 마무리하고 싶어서 통화를 하려고 합니다.

옆 세대: 번호 알려주긴 그렇고, 제가 직접 할머니랑 통화해 보고 바꿔줄게요.

나: 감사합니다.

옆 세대: 어르신, 잘 지내시죠? 다름이 아니라 낙찰자라는 분이 어르신과 대화 좀 하고 싶다고 하는데 명도? 그거 관련해서 오셨다고 해요. 한번 통화해 보시겠어요? 바꿔드릴게요.

나: 여보세요. 안녕하세요? 저는 1102호 경매 낙찰자데요. 부동산 인도를 요청하고자 방문했는데 안 계셔서 어쩌다 보니 통화를 하게 되었네요.

1102호 할머니: 난 이사 갔지. 거기에 짐 없어! 그냥 들어가 봐.

나: 네? 비번 부탁드려도 될까요?

1102호 할머니: 비밀번호 XXXXXX야.

나: 감사합니다. 건강하세요!

손쉽게 코 풀 듯 퍼즐을 다 맞춘 것 같았다. 비밀번호를 누르니 그냥 1초 만에 문이 열렸다. 전쟁에 나가서 아무것도 안 하고 상대방 터전을 점령한 기분이라고 할까. 1102호 문을 열어보니 아무것도 짐이 없었다. 이게 바로 무혈입성. 아는 것과 정보의 힘은 위대하다는 걸 몸소 느꼈다. 전쟁에 나가면 상대방 정보를 알아야 쉽게 이길 수 있으니 명도도 많은 정보를 알고 있어야 쉽게 실타래를 풀 수 있다. 이 점 참고하기를 바란다.

8

전세금 일부 못 받은
1순위 전세권자

부동산 시장은 경제 흐름과 비슷하여 상승과 하락이 공급과 수요에 많은 영향을 미친다. 부동산 흐름과 경제 흐름에 관심이 없거나 부동산 시장 원리를 모르는 사회초년생들에게 일어날 수 있는 케이스다.

전문가도 집값 상승과 하락을 100%로 정확히 맞추는 건 아니지만 적어도 예측이라도 할 수 있다면 자산, 보증금 등 큰 재화를 지킬 수 있을 것이다.

이번에 살펴볼 내용은 2016타경 XXXX 천안 사건이다. 세입자는 사회초년생인 20대 신혼부부였다. 나름대로 전세금을 안전하게 방어하기 위해 전세권설정등기까지 했지만 최후에는 전세금 일부를 못 받는 사태가 발생한 것이다.

선순위 전세권자가 경매신청을 하면 말소기준권리에 해당하여 낙찰자에게 일부 배당받지 못한 전세금의 인수를 요구할 수 없기 때문에 고스란히 피해를 보게 된 경우이다.

그렇다면 왜 1순위 전세권설정까지 했는데 전세금 일부를 낙찰자에게 인수하라고 할 수 없는 것인가? 선순위 전세권자가 배당 요구를 하거나 경매신청을 한 경우 말소기준권리가 되면 낙찰자에게 인수를 요구할 수 없다. 하지만 부동산 가격이 하락한 상황이면 1순위 전세권자라도 낙찰 금액이 하락 가격 기준이 되므로 전세금 전체를 배당받을 수 없는 것이다.

이 신혼부부는 계약 시 매매 시세는 대략 2억 원, 전세 시세는 대략 1억 7천만 원임을 인지한 상태에서 1억 7천만 원에 전세 계약을 하고 전세권설정까지 한 것이다.

하지만 2년 후 매매 시세가 2억 원에서 1억 5천만 원으로 떨어지면 경매 입찰자는 조정된 시세를 기준으로 잡는다. 집주인은 만기 시 반환할 보증금을 이런저런 핑계로 시간을 끌며 새로운 세입자도 잘 안 구해지고 등기부등본에 전세권설정등기가 되어 있다 보니 쉽게 들어갈 수 없는 상황이 된 것이다.

그래서 이들은 청약 당첨으로 몇 달 후 입주해야 하는 상황에서 전세금을 빠르게 회수하고 싶은 마음에 경매신청을 하게 되었다. 하지만 경매신청 후 보통 6개월~1년의 시간이 소요되는 데다 매각기일 매매 시세는 하락한 가격(1억 5천만 원)이 기준이 된다.

1억 5천만 원을 기준으로 제반 비용과 수익률을 계산해서 대략 1억 3천만 원으로 입찰표를 작성해서 낙찰받았다고 가정해 보자. 1억 3천만 원에 낙찰되면 1순위 전세권자는 1억 7천만 원의 전세 금액을 전액 배당받지 못하고 4천만 원을 제외한 일부만 배당받는다. 보통 깡통주택이라고 하지만 부동산 시세는 국지적이라 현재보다는 미래의 매매가, 전세가 예측이 필요하다.

인테리어만으로
성형수술한 것처럼 아름다워진 집

실제로 아파트 명도 후 인테리어 업체에 문의하고 비교 견적을 내보며 진행했던 사건이다. 실제 내부 인테리어 전후 사진을 보고 비교해 보면 도움이 될 것이다. 요즘은 비용을 줄이고자 셀프 인테리어를 하는 분도 많으니 참고하기를 바란다.

[인테리어 전]

[인테리어 후]

다음은 총비용 항목이다.

도어록: 100,000원

폐기물: 450,000원

화장실 리모델링(덧방): 2,217,000원

싱크대: 1,500,000원

싱크대 타일: 800,000원

신발장: 400,000원

페인트: 750,000원

도배: 850,000원

장판: 650,000원

콘센트: 42,000원

직부등/센서 등: 15,000원

문짝 2개 수리 비용: 100,000원

대략 이 정도 비용을 사용했다. 여러분도 직접 리모델링해 보면 전후가 확실히 다르다는 걸 알게 될 것이다. 시간이 걸리더라도 직접 문의해서 견적을 비교하고 직접 진행하면 큰 경험이 된다.

10

인테리어 항목 및 비용,
수리 순서

나는 명도 후 집 상태를 이리저리 둘러본다. 매도하거나, 임대하거나 먼저 기본 수리를 할지 아니면 고급스럽게 인테리어를 할지 고민하기 때문이다. 많은 사례를 접하면 명도 후 집 상태들을 다양하게 볼 수 있다. 수리가 필요 없는 물건인 경우도 있고, 전체를 새로 단장해야 하는 경우도 있기 때문에 내부는 어느 정도 복불복이라 할 수 있다.

집 상태가 깔끔하면 비용 절감 효과가 있기 때문에 이익이지만 예상과 달리 집 상태가 답이 없는 경우도 다반사이다. 이런 경우 비용이 추가로 더 나올 수 있다는 점을 유념해야 한다.

다음은 실제 명도 후 수리 일정, 수리 비용 항목 내용이다. 사례마다 항목 내용이 상이할 수 있으니 참고하면 도움이 될 것이다.

-------- 경기도 아파트 33평대 방 3/화 2 수리 비용 --------

1. 명도비: 300,000원

2. 전기 콘센트: 4,000원

3. 전구: 3,000원

4. 2구 스위치: 3,000원

5. 싱크대: 850,000원

6. 타일 및 장판: 850,000원

7. 도배 및 페인트: 1,400,000원

8. 대출 채권매입비: 23,262원

9. 대출 인지세: 75,000원

10. 매각대금증명서 인지: 500원

11. 취득세: 3,257,180원

12. 말소등록세: 43,200원

13. 채권매입 금액: 39,259원

14. 등기신청 수수료(소유권이전 15,000원 및 말소 6건 18,000원): 33,000원

15. 우편: 7,650원

위 항목은 부대비용이다.

◆ 수리 일정 순서 ◆

1. 싱크대 및 화장실 교체 작업: 1~3일 소요

2. 내부 전체 페인트 작업: 1~2일 소요

3. 도배 전체 교체 작업: 1~2일 소요

4. 장판 전체 교체 작업: 1일 소요

5. 전기 콘센트 및 형광등 작업: 1일 소요

6. 청소 작업: 1일 소요

7. 부동산 임대 및 매물 내놓기

위 일정은 변동 사항이 있을 수 있으므로 참고만 하기 바란다.

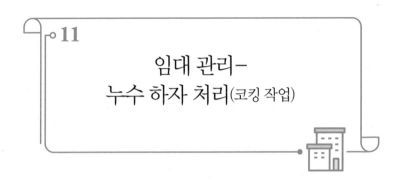

11

임대 관리-
누수 하자 처리(코킹 작업)

　장마철은 임대인이 항상 긴장하는 시기다. 비가 오고 나면 몇 시간 후 임차인에게 연락이 오는 경우가 있다. 예상한 대로 빗물이 샌다고, 처리를 부탁하는 전화를 받곤 한다. 인테리어는 집의 현 상태를 보고 수리하기 때문에 비가 오는 경우가 아니라면 누수 확인이 안 된 상태에서 수리하게 된다.

　비가 오면 임대인들은 항상 조마조마할 것이다. 뒤늦게 누수라는 게 확인되면 추가 수리 비용이 발생하니 유념해야 한다. 이런 하자가 발생하면 나는 누수되는 부분이 정확히 어디인지, 관리사무실에서 처리가 가능한지 아니면 사설 업체에 연락해야 하는지 임차인에게 사진이나 동영상으로 찍어서 먼저 보내 달라고 한 후 바로 처리한다.

[베란다 창문 틈 사이 코킹 작업 전/후 사진]

보통 천장 위에 누수가 된 경우 윗집에서 문제가 발생했음을 감지 후 관리실에 처리 요청을 하게 되면 관리실에서 위층 세대에 처리를 요청하는 경우도 있다. 관리실에서 직접 처리해 주기도 하고 사설 업체를 불러 비용이 청구될 수도 있다.

연식이 오래된 아파트, 다가구, 다세대, 연립주택, 오피스텔 같은 경우 더 심하게 발생하기 때문에 미리 인지한 후 입찰하는 게 좋다.

부록

경매 용어 알아보기

(1) 임의경매

저당권, 질권, 유치권, 전세권, 담보가등기 등 담보물권이 가지고 있는 경매신청권에 의하여 실행되는 경매. 담보물권이 설정된 후에 실행되므로 예견된 경매라고 할 수 있으며, 강제경매는 예견되지 않은 경매라고 할 수 있다.

(2) 강제경매

부동산에 대한 강제집행 방법의 하나로 법원에서 채무자의 부동산을 압류 매각하여 그 대금으로 채권자의 금전채권을 위해 집행하는 경매이다.

(3) 재경매

매수신고인이 생겨서 낙찰 허가 결정의 확정 후 집행법원이 지정한 대금 지급 기일에 낙찰인(차순위 매수신고인이 경락허가를 받은 경우를 포함한다)이 낙찰 대금 지급 의무를 완전히 이행하지 않고 차순위매수신고인이 없는 경우 법원의 직권으로 실시하는 경매이다.

(4) 일괄매각

여러 개의 부동산이 그 상호 간의 위치, 형태, 구조, 기능 등 여러 면에서 객관적, 경제적으로 동일인에게 하나의 집단으로 묶어 매각하는 게 알맞다고 인정할 경우 수 개의 부동산을 일괄경매로 매각시키는 것이다.

(5) 공매

한국자산관리공사, 정리금융공사 등이 국가, 금융기관, 기업체 등에서 의뢰받은 부동산을 공개 매각하는 것을 말한다. 자산관리공사의 공매 대상 부동산은 압류재산, 유입재산, 수탁재산 등이 있다.

(6) 소제주의

부동산상의 공시된 권리가 매각으로 인하여 모두 소멸하는 것으로 배당 여부와 관계없이 말소된다.

(7) 인수주의

낙찰에 의하여 모든 부담이 소멸되지 않고 매수인이 부담해야 하는 것(유치권, 선순위 가등기, 선순위 가처분 등)

(8) 잉여주의

집행법원은 법원이 정한 최저 경매 가격으로 압류채권자의 채권에 우선하는 부동산상의 모든 부담과 경매 비용을 변제하면 남는 게 없다고 인정한 때에는 이러한 사실을 압류채권자에게 통지하고, 압류채권자가 이러한 우선채권을 넘는 가액으로 매수하는 자가 없는 경우에는 스스로 매수할 것을 신청하고 충분한 보증을 제공하지 않는 한 경매 절차를 법원이 직권으로 취소하게 된다.

(9) 대항력

주택임차인이 임차 주택을 인도받고 주민등록까지 마치면 다음 날부터 주택의 소유자가 제3자로 변경되더라도 대항할 수 있게 된다. 이것을 주택임차인의 대항력이라고 한다. 이것은 다시 말해 임차보증금 전액을 반환받을 때까지 주택임차인이 새로운 매수인에 대하여 집을 비워 줄 필요가 없다는 것을 의미한다. 다만, 대항요건(주택 인도, 주민등록)

을 갖추기 전에 등기부상 선순위의 권리(근저당권, 가압류, 압류 등)가 있었다면 주택이 매각된 경우 그 매수인에게 대항할 수 없다.

(10) 우선변제

채권자 가운데 어떤 자가 다른 채권자에 우선하여 변제받는 것. 채무자의 재산이 전 채무를 변제하는 데 부족한 경우 의미가 있다. 채권자는 서로가 대등한 지위에서 채권액에 비례하여 변제받는 것을 원칙으로 하는데 이것을 채권자 평등원칙이라고 한다. 민법이 인정한 우선변제를 받을 수 있는 경우는 용익물권 가운데 전세금 채권, 담보물권 가운데 질권, 저당권이 있는 경우의 채권이다.

(11) 확정일자

해당 문서가 해당 날짜에 존재하고 있었다는 것을 증명하기 위한 것으로, 공증기관에 문서를 제시하면 공증기관은 공증을 청구한 해당 날짜를 문서에 기재하고, 그 문서상의 확정일자 도장을 찍는다. 확정일자는 주로 공증사무소, 법원, 등기소, 동사무소 등에서 주택을 임대할 때 체결하는 주택임대차계약의 체결 날짜를 확인하기 위해 계약서에 도장을 찍어준 날짜를 의미한다. 확정일자는 주택의 임대차계약 체결, 전입신고 등을 위해 받게 되며, 제3자와의 관계에서 완전한 증거력을 갖는다.

(12) 말소기준권리

소유권이전등기를 하면서 등기사항증명서상의 권리 중 어떤 권리들은 말소촉탁등기 대상이 되어 소멸하게 되고, 또 어떤 권리들은 말소촉탁의 대상이 되지 않아 매수인이 인수해야 하는데, 이때 말소와 인수의 기준이 되는 권리를 말소기준권리라고 한다. 말소기준권리가 될 수 있는 권리들 은 근저당권, 저당권, 압류, 가압류, 담보가등기, 강제경매 개시결정등기와 경우에 따라 전세권도 인정되는데, 이 권리 중 등기사항증명서상에서 등기 일자가 가장 빠른 권리로 보면 된다. 통상 말소기준권리보다 빠르면 선순위 권리로 인수해야 하며, 말소기준권리보다 늦으면 후순위 권리로 소멸한다.

(13) 압류

압류는 「민사소송법」상 집행기관에 의해 채무자의 특정 재산에 대해 사실상 또는 법률상의 처분이 엄금되는 강제집행으로 유체동산은 점유나 봉인, 채권과 그 밖의 재산권은 압류명령, 선박 또는 부동산은 강제경매 개시 결정이나 강제관리 개시 결정에 의해 실행된다.

(14) 가압류

금전채권 또는 금전으로 환산할 수 있는 채권을 가진 자가 확정판결을 받기 전에 훗날 강제집행을 용이하게 하기 위하여 미리 채무자의 재산을 동결시켜 놓는 절차이다. 이러한 성격상 가압류 절차는 은밀하고 긴급하게 이루어져야 하므로 법원은 가압류 신청에 대해 채무자의 소환 없이 채권자가 제출한 소명자료에 의한 최소한의 심리를 거쳐 가압류 결정을 하게 된다.

(15) 가처분

가처분은 가압류와 같은 성격을 가지고 있다. 하지만 가압류는 재산상의 청구권으로서 금전채권이나 금전으로 환산할 수 있는 채권을 토대로 하는 것이고, 가처분은 금전 이외의 특정물에 대한 이행청구권을 토대로 한다는 점에서 차이가 있다.

(16) 가등기

종국등기를 할 수 있을 만한 실체법적 또는 절차법적 요건을 구비하지 못한 경우 혹은 권리의 설정, 이전, 변경, 소멸의 청구권을 보전하려고 할 때 그 본등기를 위하여 미리 순위를 보존하게 되는 효력을 갖는 등기로 예비등기의 일종이다. 가등기의 효력은 본등기 순위 보전의 효력과 가등기 자체의 효력(청구권 보존의 효력)이 있다.

(17) 변경

경매 절차 진행 도중 새로운 사항의 추가 또는 매각조건의 변경 등으로 인하여 권리관계가 변동되어 법원이 지정된 입찰기일에 경매를 진행할 수 없을 때 법원 직권으로 입찰기일을 변경시키는 것을 말한다.

(18) 연기

채무자, 소유자 또는 이해관계인에 의하여 경매신청 채권자의 동의하에 지정된 경매 기일을 미루는 것이다.

(19) 취소

법원 경매 절차에서 취소는 부동산의 멸실 기타 매각으

로 인하여 권리의 이전을 불가능하게 하는 사정이 명백할 때 법원은 경매 절차를 취소하게 된다.

(20) 취하

경매 신청 후 채무자가 채무를 변제해 경매신청채권자가 경매신청을 철회하는 것. 단, 최고가 매수신고인이 결정된 후에는 최고가 매수신고인의 동의가 필요하며, 차순위매수신고가 있는 경우에는 그의 동의도 필요하다.

(21) 유찰

매각기일의 매각 불능을 유찰이라고 한다. 즉 매각기일에 매수하고자 하는 사람이 없어 매각되지 않고 무효가 된 경우를 가리킨다. 통상 최저 매각금액을 20%~30% 저감한 가격으로, 다음 매각기일에 다시 매각을 실시하게 된다.

(22) 정지

채권자 또는 이해관계인의 신청에 따라 법원이 경매 진행 절차를 정지시키는 것이다.

(23) 종국

경매를 개시하여 배당 완료 후 배당이의 등 모든 것이 종결되었다는 뜻이다. 통상적으로 배당이 완료되면 '종국'이 되지만 배당이의 등으로 인하여 아직 동일 사건에 대하여 미해결된 사안이 있으면 '미종국'이라고 한다.

(24) 기각

신청 내용이 이유 없다고 인정될 때 법원이 신청 그 자체를 받아들이지 않는 것이다.

(25) 감정평가서

감정평가사가 자신의 감정평가 결과를 의뢰인에게 알리기 위해 대상 물건의 내용, 감정평가 목적 및 조건, 가격시점, 감정평가 가액, 감정평가 가격의 산출 근거 및 그 결정에 관한 의견 등을 표시하여 작성하는 문건을 말한다.

(26) 현황조사보고서

법원은 경매개시결정 후 지체 없이 집행관에게 부동산의 현상, 점유 관계, 차임 또는 임대차 보증금의 수액 기타 현황에 관하여 조사할 것을 명하는데, 현황조사보고서는 집행관이 그 조사 내용을 집행법원에 보고하기 위하여 작성한 문서이다.

(27) 매각물건명세서

매각을 한 법정에서 최고가 매수신고인에 대하여 매각 허가 여부를 결정하는 날로 매각 법정에서 선고한 후 법원 게시판에 공고만 할 뿐 매수인, 채권자, 채무자, 기타 이해 관계인에게 개별적으로 통보하지 않는다(매각기일로부터 통상 7일 이내).

(28) 특별매각조건

부동산경매에서 입찰보증금은 보통 최저가의 10%지만, 어떤 사정으로 보증금을 미납하는 경우 다음 차수에서는 최저가의 20%로 정하여 입찰보증금으로 납부하는 조건을 말한다.

(29) 이해관계인

경매를 통하여 직접적으로 이해관계를 갖는 사람을 의미한다. 채무자, 소유자, 배당 요구자, 등기부에 기재된 부동산의 권리자(저당권자, 임차권 설정자, 전세권자 등)로서 그 권리를 증명한 자(법정지상권자, 유치권자, 점유권자, 건물 등기 있는 토지임차인, 주택의 인도 및 주민등록을 마친 임차인 등) 등을 말한다.

(30) 대위변제

제3자 또는 공동채무자의 한 사람이 채무자를 위하여 변제할 때 그 변제자는 채무자 또는 다른 공동채무자에 대하여 구상권을 취득하는 것이 보통이다. 이때 그 구상권의 범위 내에서 종래 채권자가 가지고 있던 채권에 관한 권리가 법률상 당연히 변제자에게 이전하는 것을 변제자의 대위 또는 대위변제라고 한다.

(31) 토지별도등기

토지에 건물과 다른 등기가 있다는 뜻이다. 건물을 짓기 전에 토지에 저당권 등 제한물권이 있는 경우 토지와 건물의 권리관계가 일치하지 않으므로 건물등기부에 '토지에 별도의 등기가 있다'는 표시를 하기 위한 등기를 말한다.

(32) 대지권 미등기

집합건물등기부에만 있는 특징으로 집합건물의 구분 소

유자가 건물의 전유부분을 소유하기 위하여 대지에 대하여 갖는 권리를 대지 사용권이라 하는데 건물과 분리하여 처분할 수 없는 대지 사용권을 대지권이라고 한다.

대지권은 대부분 등기가 되지만 등기가 되지 않는 경우가 있는데 이러한 경우를 '대지권 미등기'라고 한다. 신도시 지역이나 택지개발지구 등에서 절차 문제로 대지권 미등기가 되는 경우도 있으므로 주의가 필요하다.

(33) 제시 외 건물

경매 대상인 토지 위에 있는 경매 대상이 아닌 건물. 처음부터 경매 신청 채권자가 경매 신청을 하지 않았거나 그 후의 경매 절차에서도 경매 대상으로 포함되지 않은 건물이다. 실무에서는 제시 외 건물이 경매 대상에서 제외된 경우 '입찰 외 주택 소재' '입찰 외 창고 소재' 등으로 표시한다.

(34) 배당 요구

강제집행에서 채권자 집행에 참여해 변제받는 방법을 말한다. 압류채권자 이외의 채권자도 배당 요구에 의하여 평등한 배당을 받을 수 있다.

(35) 채권계산서

경매신청자 또는 배당신청자가 채권 관련 금액을 법원에 신고하기 위해 제출하는 서류. 채권의 원금, 이자, 비용 등의 계산서를 법원에 제출해야 한다. 미제출 시 법원은 배당 요구서 기타 기록에 첨부된 증빙서류에 의하여 채권액을 계산하며, 배당 요구의 종기 이후에는 채권액을 보충할 수 없게 된다.

(36) 기일입찰

부동산의 매각은 ① 매각기일에 하는 호가경매 ② 매각기일에 입찰 및 개찰하게 하는 기일입찰 ③ 입찰 기간 내에 입찰하게 하여 매각기일에 개찰하는 기간입찰의 세 가지 방법으로 진행된다. 현재 법원에서는 입찰표에 입찰가격을 적어 제출하는 기일입찰의 방법을 시행하고 있다.

(37) 매각기일

법원이 목적 부동산에 대하여 실제 매각을 실행하는 날로 매각 시간, 매각 장소 등과 함께 매각기일 14일 이전에 법원 게시판에 게시함과 동시에 일간신문에 공고할 수 있다.

(38) 차순위 매수신고

최고가 매수신고인 이외의 입찰자 중 최고가 매수신고액에서 보증금을 공제한 액수보다 높은 가격으로 응찰한 사람은 차순위 매수신고를 할 수 있다. 차순위 매수신고를 한 경우 매수인은 매각 대금을 납부하기 전까지는 보증금을 반환받을 수 없다.

(39) 매각결정기일

입찰한 법정에서 최고가 매수신고인에 대하여 매각 허가 여부를 결정하는 날이다. 법정에서 선고한 후 법원 게시판에 공고하고 매수인, 채권자, 채무자, 기타 이해관계인에게 개별적으로 통보하지 않는다(매각기일로부터 통상 7일 이내).

(40) 농지취득 자격증명(농취증)

농지를 취득하고자 한다면 필수로 발급받아야 하는 서류로, 경매의 경우 농지를 취득한 사람이 법원에서 발급해 준 '최고가 매수인' 증명서를 가지고 농지 소재지의 읍면동 주민센터에 가서 신청한다. 처리 기간은 접수일로부터 4일 이내이지만 경우에 따라서는 당일 발급도 가능하다.

1,000㎡ 미만 농지의 경우 농지취득 자격증명 신청서만

작성하면 되고, 1,000㎡ 이상 농지의 경우 농업경영계획서
도 작성해야 한다.

(41) 즉시항고

일정한 불변기간 내에 제기하여야 하는 항고를 말한다.
즉 재판의 성질상 신속히 확정할 필요가 있는 결정에 대하
여 인정되는 상소 방법이다. 이는 특히 제기 기간을 정하지
않고 원결정의 취소를 구하는 실익이 있는 한 제기할 수 있
는 보통항고와는 다르다.

(42) 소유권이전등기촉탁

낙찰인이 대금을 완납하면 낙찰 부동산의 소유권을 취득
하게 되므로, 낙찰인이 등기 비용을 부담하고 등기촉탁 신
청을 하게 되면 집행법원이 낙찰인을 위하여 소유권이전등
기, 낙찰인이 인수하지 않는 각종 등기의 말소를 등기관에
게 촉탁하는 절차이다.

(43) 배당

경매되는 부동산의 대금, 즉 매각대금으로 채권자를 만
족시킬 수 없는 경우, 권리의 우선순위에 따라 매각대금을

나누어 주는 절차를 말한다.

(44) 상계

채권자가 동시에 매수인인 경우 있을 수 있는 매각대금의 특별한 지급 방법이다. 현금을 납부하지 않고, 채권자가 받아야 할 채권액과 납부해야 할 매각대금을 같은 금액만큼 서로 맞바꾸는 것이다. 채권자가 매각대금을 상계 방식으로 지급하는 경우, 매각결정기일이 끝날 때까지 법원에 상계할 것을 신고하고, 배당기일에 매각대금에서 배당받아야 할 금액을 제외한 금액을 납부한다.

(45) 배당이의

채권자는 배당기일에 출석하여 자신의 이해에 관계되는 범위 안에서 다른 채권자를 상대로 채권 또는 채권의 순위에 대하여 이의를 제기할 수 있다. 이의를 제기한 채권자가 배당이의의 소를 제기하고 소 제기증명을 제출하면 그 금액에 대해서는 지급을 보류하고 공탁하게 된다.

(46) 명도

명도는 법원경매에서 자주 쓰이는 말로 주거인을 퇴거시

키고 그 안의 동산을 철거한 뒤에 인도하는 것이다.

(47) 부동산 인도명령

채무자, 소유자 또는 압류의 효력이 발생한 후에 점유를 시작한 부동산 점유자에 대해서는 낙찰인이 대금을 완납한 후 6개월 내에 집행법원에 신청하면 법원은 이유가 있으면 간단히 인도명령을 발하여 그들의 점유를 집행관이 풀고 낙찰인에게 부동산을 인도하라는 취지의 재판을 하게 된다.

(48) 강제집행

채권자의 신청에 의해 사법, 행정법상의 의무를 이행하지 않는 사람에게 강제 권력에 의하여 의무이행을 실현하는 법적 절차를 말한다. 경매에서는 인도명령을 통해 그 효력을 인정받으며, 인도가 용이하지 않은 경우 집행까지 진행하는 경우도 있다.

부동산 관련
정보 사이트 및 앱

– 호갱노노/아실/네이버 부동산: 아파트 시세

– 부동산지인: 부동산 공급량, 빅데이터 기반 아파트 정보

– 벨류맵: 토지가격 시세, 다가구 시세 조사 참고용

– 벨류쇼핑: 부동산 가격 기본정보, 가격산정시스템

– 디스코: 토지 가격

– 한국부동산원: 청약 정보, 부동산 정보, 통계

– 국토교통부 실거래가 공개시스템: 실거래가 조회, 개별
  공시지가

– 토지이음: 토지이용계획 열람, 도시계획 열람 등

– 전국은행연합회: 금융상품정보, 은행 대출 시

– KB부동산 Live on: 부동산 시세

– 엑스레이맵: 유동 인구 분석

– 랜드북: 지역 분석, 신축 개발 검토 가능, 용적률 계산 가능

– 네이버 로드뷰: 연도별 길거리 보기

– 세무통: 세무사 가격비교 사이트, 세무 관련 정보

– 네모: 부동산 플랫폼, 상가 사무실 특화, 상권 분석 등

– AI부동산: AI 딥러닝, 다음 달 부동산 가격 예측

– 스마트온비드: 공매 어플리케이션

– 일사편리: 부동산 종합증명서 서비스

– 대법원 인터넷 등기소: 부동산 및 법인등기부등본 열람

– 정부24/새움터: 건축물대장 발급

– 에브리타임: 전국 400개 대학 지원 커뮤니티, 대학생 대
  상 원룸, 셰어하우스 등 홍보 활용

– 레몬테라스: 인테리어 활용 팁

– 하우스텝: 온라인 시공, 토탈 인테리어

– 오늘의집: 인테리어 소품 등 활용, 아이디어, 시공 관련 포털

– 직방(빌라, 주택, 원룸), 다방(빌라, 주택, 원룸)

– 국토교통부: 부동산 전반, 정책자료

– 씨리얼: 부동산 정보 포털, 부동산 정책 및 통계 정보 제공

– 상권정보: 업종별 상권분석 정보 제공

– 소상공인마당: 창업 관련 정보 제공, 정책자금, 상권정보 등

– 모하지상가: 인공지능 상가 입지분석 시스템

– 부동산 스터디: 부동산 시세정보 카페

– 부동산 취득세 계산기: 부동산 거래 시 부과되는 취득세
  예상 금액 산정

| 경매 물건 임장 체크리스트

조사일자		물건의 종류		소재지 (지역명)			
권리분석	말소기준권리						
	인수권리						
	임차인분석						
손품조사	온라인상 시세 조사						
		최저가격	평균가격	최고가격	전세	월세	
	실거래가						
	KB시세						
	네이버부동산시세						
	관련 서류 열람 및 검토(확인)			공부상 내용과 현장이 다른 점			
	등기사항증명서						
	건축물대장						
	매각물건명세서						
	현장조사서						
	감정평가서						
발품조사	대중교통 및 편의시설						
	지하철 거리			버스정류장 거리			
	마트/편의점						
	병원			학교			
	현장 시세 조사						
		최저가격	평균가격	최고가격	전세	월세	
	부동산1						
	부동산2						
	부동산3						
	부동산4						
	부동산5						
	내/외부 상태						
	내부상태						
	외부상태						
가격산정	입찰가			필요 금액			
메모							

김 소장의 조언

독자 여러분 안녕하세요. 김 소장입니다.

여러분들과 책으로나마 소통의 기회를 얻고자 이 책을 출간하게 되었습니다. 20대 중반 부동산 투자에 입문해서 현실적으로 희망을 찾고자 하는 생각으로 살아왔는데, 책까지 내게 되었습니다. 꾸준히 노력하고 행동하면 원하는 목표를 반드시 이룰 수 있다는 걸 보여주고 싶었습니다.

여러분이 이 글을 읽고 무언가 동기를 얻었다면 재테크, 경제, 부동산, 주식, 펀드 관련 책을 구매하고 바로 공부해야 합니다. 시간은 계속 흐르고, 누군가는 열심히 그리고 치열하게 공부하고 행동합니다.

저 또한 아무것도 없이 직장 월급 저축만으로 시작했다

278

고 당당히 말할 수 있습니다. 기회는 준비된 자에게만 온다는 것을 명심했으면 합니다. 과거, 현재가 아닌 미래를 위해 스스로 부족한 부분을 공부하고 시도하며, 개선하고 달성하면 한 단계 한 단계 계단을 오르는 것처럼 목표를 달성할 수 있다고 생각합니다.

시작조차 하지 않고 좌절하는 것은 금물입니다. 노력만이 살 길입니다. 우물 안 개구리처럼 있지 말고 세상 밖으로 나가 새로운 사람을 만나 자극받고 행동하며, 자신을 세상 밖으로 내던져야 합니다.

여러분의 목표가 어떤 것인지는 모르겠지만 이 책은 부자가 되고 싶고 재테크에 관심 있는 분들에게 도움이 되는 책입니다. 직장인, 자영업자, 사업가, 프리랜서, 학생들의 필수과목으로 동기부여를 해 주고자 하는 책이니 편안하게 읽기 바랍니다. 이 책을 읽은 여러분들이 꼭 성공 투자하길 응원하겠습니다.

김중근 소장 드림

📖 북오션 부동산 재테크 도서 목록 📖

부동산/재테크/창업

롱텀 부동산 투자 58가지

장인석 지음 | 17,500원
348쪽 | 152×224mm

이 책은 현재의 내 자금 규모로, 어떤 위치의 부동산을 언제 살 것인가에 대한 탁월한 분석을 펼쳐 보여 준다. 월세 탈출, 전세 탈출, 무주택자 탈출을 꿈꾸는, 건물주가 되고 싶고, 꼬박꼬박 월세 받으며 여유로운 노후를 보내고 싶은 사람들을 위한 확실한 부동산 투자 지침서가 되기에 충분하다. 이 책은 실질금리 마이너스 시대를 사는 부동산 실수요자, 투자자 모두에게 현실적인 투자 원칙을 수립할 수 있도록 해줄 뿐 아니라 실제 구매와 투자에 있어서도 참고할 정보가 많다.

나의 꿈, 꼬마빌딩 건물주 되기

나창근 지음 | 15,000원
302쪽 | 152×224mm

'조물주 위에 건물주'라는 유행어가 있듯이 건물주는 누구나 한 번은 품어보는 달콤한 꿈이다. 자금이 없으면 건물주는 영원한 꿈일까? 저자는 현재와 미래의 부동산 흐름을 읽을 줄 아는 안목과 자기 자금력에 맞춤한 전략, 꼬마빌딩을 관리할 줄 아는 노하우만 있으면 부족한 자금을 충분히 상쇄할 수 있다고 주장한다. 또한 액수별 투자전략과 빌딩 관리 노하우 그리고 건물주가 알아야 할 부동산 지식을 알기 쉽게 설명한다.

월급쟁이들은 경매가 답이다
1,000만 원으로 시작해서 연금처럼 월급받는 투자 노하우

박갑현 지음 | 14,500원
264쪽 | 152×224mm

경매에 처음 도전하는 직장인의 눈높이에서 부동산 경매의 모든 것을 알기 쉽게 풀어낸다. 일상생활에서 부동산에 대한 감각을 기를 수 있는 방법에서부터 경매용어와 절차를 이해하기 쉽게 설명하며 각 과정에서 꼭 알아야 할 중요사항들을 살펴본다. 경매 종목 또한 주택, 업무용 부동산, 상가로 분류하여 각 종목별 장단점, '주택임대차보호법' 등 경매와 관련되어 파악하고 있어야 할 사항들도 꼼꼼하게 짚어준다.

나창근 지음 | 17,000원
332쪽 | 152×224mm

초저금리 시대에도 꼬박꼬박 월세 나오는
수익형 부동산

현재 (주)기림이엔씨 부설 리치부동산연구소 대표이사로 재직하고 있으며 [부동산TV], [MBN], [한국경제TV], [KBS] 등 방송에서 알기 쉬운 눈높이 설명으로 호평을 받은 저자는 부동산 트렌드의 변화와 흐름을 짚어주며 수익형 부동산의 종류별 특성과 투자노하우를 소개한다. 여유자금이 부족한 투자자도 전략적으로 투자할 수 있는 혜안을 얻을 수 있을 것이다.

주식/금융투자

북오션의 주식/금융투자 부문의 도서에서 독자들은 주식투자 입문부터 실전 전문 투자, 암호화폐 등 최신의 투자 흐름까지 폭넓게 선택할 수 있습니다.

박병창 지음 | 19,000원
360쪽 | 172×235mm

주식 투자
기본도 모르고 할 뻔했다

코로나19로 경기가 위축되는데도 불구하고 저금리 기조가 계속되자 시중에 풀린 돈이 주식시장으로 몰리고 있다. 때아닌 활황을 맞은 주식시장에 너나없이 뛰어들고 있는데, 과연 이들은 기본은 알고 있는 것일까? '삼프로TV', '쏠쏠TV'의 박병창 트레이더는 '기본 원칙' 없이 시작하는 주식 투자는 결국 손실로 이어짐을 잘 알고 있기에 이 책을 써야만 했다.

유지윤 지음 | 25,000원
312쪽 | 172×235mm

하루 만에 수익 내는
데이트레이딩 3대 타법

주식 투자를 한다고 하면 다들 장기 투자나 가치 투자를 말하지만, 장기 투자와 다르게 단기 투자, 그중 데이트레이딩은 개인도 충분히 가능하다. 물론 쉽지는 않다. 꾸준한 노력과 연습이 있어야 한다. 하지만 가능하다는 것이 중요하고, 매일 수익을 낼 수 있다는 것이 중요하다. 그 방법을 이 책이 알려준다.

최기운 지음 | 18,000원
424쪽 | 172×245mm

10만원으로 시작하는
주식투자

4차산업혁명 시대를 선도하는 기업의 주식은 어떤 것들이 있을까? 이제 이 책을 통해 초보 투자자들은 기본적이고 다양한 기술적 분석을 익히고 그것을 바탕으로 향후 성장 유망한 기업에 투자할 수 있는 밝은 눈을 가진 성공한 가치투자자가 될 수 있다. 조금 더 지름길로 가고 싶다면 저자가 친절하게 가이드 해준 몇몇 기업을 눈여겨보아도 좋다.

박병창 지음 | 18,000원
288쪽 | 172×235mm

현명한 당신의
주식투자 교과서

경력 23년 차 트레이더이자 한때 스패큐라는 아이디로 주식투자 교육 전문가로 불리기도 한 저자는 "기본만으로 성공할 수 없지만, 기본 없이는 절대 성공할 수 없다"고 하며, 우리가 모르는 '기본'을 설명한다. 아마도 이 책을 보고 나면 '내가 이것도 몰랐다니' 하는 감탄사가 입에서 나올지도 모른다. 저자가 말해주는 세 가지 기본만 알면 어떤 상황에서도 주식투자를 할 수 있다.

최기운 지음 | 18,000원
300쪽 | 172×235mm

동학 개미
주식 열공

〈순매매 교차 투자법〉은 단순하다. 주가에 가장 큰 영향을 미치는 사람의 심리가 차트에 드러난 것을 보고 매매하기 때문이다. 머뭇거리는 개인 투자자와 냉철한 외국인 투자자의 순매매 동향이 교차하는 곳을 매매 시점으로 보고 판단하면 매우 높은 확률로 이익을 실현할 수 있다.

곽호열 지음 | 19,000원
244쪽 | 188×254mm

초보자를 실전 고수로 만드는
주가차트 완전정복

이 책은 주식 전문 블로그 〈달공이의 주식투자 노하우〉의 운영자 곽호열이 예리한 분석력과 세심한 코치로 입문하는 사람은 물론 중급자들이 놓치기 쉬운 기술적 분석을 다양하게 선보인다. 상승이 예상되는 관심 종목 분석과 차트를 통한 매수·매도 타이밍 포착, 수익과 손실에 따른 리스크 관리 및 대응방법 등 주식시장에서 이기는 노하우와 차트기술에 대해 안내한다.

유지윤 지음 | 18,000원
264쪽 | 172×235mm

누구나 주식투자로
3개월에 1000만원 벌 수 있다

주식시장에서 은근슬쩍 돈을 버는 사람들이 있다. '3개월에 1000만 원' 정도를 목표로 정하고, 자신만의 투자법을 착실히 지키는 사람들이다. 3개월에 1000만 원이면 웬만한 사람들 월급이다. 대박을 노리지 않고, 딱 3개월에 1000만 원만 목표로 삼고, 그것에 맞는 투자 원칙만 지키면 가능하다. 이렇게 1000만 원을 벌고 나서 다음 단계로 점프해도 늦지 않는다.

근투생 김민후(김달호) 지음
16,000원 | 224쪽
172×235mm

삼성전자 주식을 알면
주식 투자의 길이 보인다

인기 유튜브 '근투생'의 주린이를 위한 투자 노하우. 국내 최초로 삼성전자 주식을 입체 분석한 책이다. 삼성전자 주식은 이른바 '국민주식'이 되었다. 매년 꾸준히 놀라운 이익을 내고 있으며, 변화가 적고 꾸준히 상승할 것이라는 예상이 있기에, 이 책에서는 삼성전자 주식을 모델로 초보 투자자가 알아야 할 거의 모든 것을 설명한다.

금융의정석 지음 | 16,000원
232쪽 | 152×224mm

슬기로운 금융생활

직장인이 부자가 될 방법은 월급을 가지고 효율적으로 소비하고, 알뜰히 저축해서, 가성비 높은 투자를 하는 것뿐이다. 그 기반이 되는 것이 금융 지식이다. 금융 지식을 전달함으로써 개설 8개월 만에 10만 구독자를 달성하고 지금도 아낌없이 자신의 노하우를 나누어주고 있는 크리에이터 '금융의정석'이 영상으로는 자세히 전달할 수 없었던 이야기들을 이 책에 담았다.

터틀캠프 지음 | 25,000원
332쪽 | 172×235mm

캔들차트 매매법

초보자를 위한 기계적 분석과 함께 응용까지 배울 수 있도록 자세하게 캔들 중심으로 차트의 원리를 설명한다. 피상적인 차트 분석이 아니라 기계적으로 차트를 발굴해서 실전에서 활용하는 데 초점을 맞춘 가이드북이다. 열심히 공부하고 노력하여 자신만의 매매법을 확립해, 돈을 잃는 투자자에서 수익을 내는 투자자로 거듭날 계기가 될 것이다.